공부하자!
（コンブハジャ）
한국어
（ハングゴ）
韓国語初級

이정희
李 姃 姫 著

白帝社

本書の音声について

❖ 『공부하자! 한국어　韓国語初級』の音声ファイル(MP3)を無料でダウンロードすることができます。

「白帝社　コンブハジャ　ハングゴ」で検索、または下記サイトにアクセスしてください。

https://www.hakuteisha.co.jp/news/n59031.html

・スマートフォンからアクセスする場合はQRコードを読み取ってください。

❖ 吹き込み：朴鍊振・宋和龍・浮谷典子

❖ 本文中の🎧マークの箇所が音声ファイル(MP3)提供箇所です。PCやスマートフォンなどにダウンロードしてご利用ください。

　＊デジタルオーディオプレーヤーなどに転送して開く場合は、各製品の取り扱い説明書やヘルプによってください。

　＊各機器と再生ソフトに関する技術的なご質問は、各メーカーにお願いいたします。

　＊本テキストと音声は著作権法で保護されています。

本書は、韓国語を外国語として初めて学ぶ人が、大学や市民講座などで1コマ90分授業を週2回受講することを目安に作られています。週1回受講の100分〜105分授業でも使うことができます。また、独学者にも使えるよう、新出単語に日本語の意味を付し、文法を解説するなど、わかりやすく説明しています。

　本書は、大きく分けて前半が「文字編」(第1〜7課)、後半が「文法と会話編」(第8〜17課)の全17課で構成されています。第1課では日本において「韓国語」のほか「ハングル」「朝鮮語」など、さまざまな名称が使われている経緯など、「韓国語」を学ぶ導入部として、その文化的社会的な背景と日本ないし日本語との関係を説明しています。

　第2〜6課では文字について学びます。発音は、原則として『한국어문규정집(韓国語文規定集)』にある「韓国語のローマ字表記法」にもとづいて表記しています。ただし、理解しやすくするため第2課の母音字母については英語の発音記号も用いました。第7課では「発音変化のルール」について説明し、練習問題を作りました。また、文字について理解を深めるため 知っ得？コーナー を設けていますので、ご活用ください。なお、本書は全体を通じて日常よく使われる語彙を中心に構成しています。韓国語を使う機会があったら、どんどん使ってください。

　第8〜17課は「文法と会話編」では、課ごとに学習内容、会話文、語彙と表現、文法、練習問題の順に構成されています。各課のはじめにその課で学ぶ内容を整理した「学習内容」があります。それを理解したあと、文法→練習問題→会話(本文)の順で進むことをお勧めします。第8課、13課、16課、17課の作文練習と発表は、会話(本文)を学んだあとに取り組むことをお勧めします。

　みなさんが、それぞれよりよい学び方を見つけ、韓国語を学ぶ楽しさを発見してくださるよう願ってやみません。末尾ながら、この教材作成のきっかけをつくり、第1課の内容についてのアドバイスや原稿チェック、出版社の紹介など、多くのご協力をいただいた小栗章さんに深く感謝しています。また、出版に至るまで懇切にお世話いただいた白帝社の西澤由衣さんと伊佐順子さんに心より感謝申し上げます。

2024年10月　著者

文字編

第1課　韓国語と文化・社会の基礎知識 ··· 2
 1. さまざまな名称 ··· 2
 2. 韓国の行政区域 ··· 4
 3. 使用言語 ··· 4
 4. ハングルと韓国語について ··· 4

第2課　母音字母(1)：基本母音10 ·· 12
 1. 基本母音字母10個と発音 ··· 12
 2. 子音(無音)のㅇに母音を書いた文字 ·· 13
  知っ得？コーナー ·· 15
  日本語の「あ・い・う・え・お」のハングル ································· 15

第3課　子音字母(1)：平音10(初声) ··· 16
 1. 基本子音字母10個と発音 ··· 16
  知っ得？コーナー　文字の書き方やいろいろなスタイル ··················· 16
 2. 子音字母に母音字母をつけた文字 ·· 17

第4課　子音字母(2)：激音4と濃音5(初声) ·· 20
 1. 激音4(初声) ··· 20
 2. 濃音5(初声) ··· 22
  平音・激音・濃音のまとめ ··· 23

第5課　母音字母(2)：合成母音字母11 ··· 24
 1. 合成母音字母11個の組み合わせと発音 ··· 24
 2. 合成母音の注意する発音　ㅖ, ㅢ ·· 27

第6課　パッチム(終声) ·· 28
 1. パッチムの種類と発音 ·· 28
 2. パッチム字母と発音(1)：パッチム4字・音 ······································· 29
 3. パッチム文字と発音(2)：パッチム3字・音の学び ······························ 29
 4. 代表音以外のパッチムと単語 ··· 32
 5. 二重パッチムの発音と単語 ·· 32
  韓国語の数字 ·· 32
  知っ得？コーナー　韓国と日本の空港名や航空会社名 ······················ 33
  知っ得？コーナー　「金のスプーン・お箸と銀のスプーン・お箸」？ ··· 33
  知っ得？コーナー　韓国にある日本の飲食チェーン店などを調べてみよう。 ···· 33
 6. 日本語の仮名とハングル対照表 ··· 34

第7課　発音変化のルール(日本語母語者が韓国語を学ぶための要点) ················· 38
　　　1. 連音化 ··· 38
　　　2. ㅎの無音化・弱音化 ··· 39
　　　3. 濃音化 ··· 39
　　　4. 激音化 ··· 40
　　　5. 鼻音化 ··· 40
　　　6. 流音ㄹ(r)の鼻音化 ··· 41
　　　7. 流音化 ··· 41
　　　8. 口蓋音化 ·· 42
　　　9. ㄴ挿入 ··· 42

文法と会話編

第8課　저는 한국 사람입니다. ·· 46
　　　学習内容＞　名詞文のかしこまった表現:「～は～です」 ················· 46
　　　本文　자기 소개　自己紹介 ·· 46
　　　語彙と表現＞ ·· 47
　　　知っ得？コーナー　あいさつ表現 ·· 47
　　　文法 ·· 48

第9課　오늘 수업이 있습니까? ··· 50
　　　学習内容＞　存在詞:「あります／ありません」(かしこまった表現) ······· 50
　　　本文 ·· 50
　　　語彙と表現＞ ·· 51
　　　文法 ·· 51

第10課　한국어를 공부합니다. ··· 54
　　　学習内容＞　用言(動詞・形容詞)の「～です／ます」(かしこまった表現) ······· 54
　　　本文 ·· 55
　　　語彙と表現＞ ·· 55
　　　文法 ·· 55

第11課　얼마입니까? ·· 58
　　　学習内容＞　漢字語数詞の使い方 ·· 58
　　　本文 ·· 58
　　　語彙と表現＞ ·· 59
　　　文法 ·· 60
　　　単語 ·· 61

第12課	몇 시에 일어납니까?	62
	学習内容 > 固有語数詞の使い方	62
	本文	62
	語彙と表現 >	63
	📝 疑問詞のまとめ	63
	文法	64
第13課	나의 하루	68
	学習内容 > 作文 私の一日	68
	本文	68
	語彙と表現 >	69
	文法	70
第14課	제 남자 친구가 아니에요.	72
	学習内容 > 名詞文の否定形と「うちとけた表現」	72
	本文 かしこまった表現 (携帯電話の写真を見て)	72
	うちとけた表現 (携帯電話の写真を見て)	72
	語彙と表現 >	73
	文法	74
第15課	내일은 학교에 안 가요.	76
	学習内容 > 用言の否定形 ～ません、～くありません。	76
	本文 かしこまった表現 (明日のことについて話す)	76
	うちとけた表現 (明日のことについて話す)	76
	語彙と表現 >	77
	知っ得？コーナー	77
	文法	78
第16課	어제는 수업이 없었어요.	82
	学習内容 > 過去形	82
	本文 久しぶりに会ってカフェで話す	82
	語彙と表現 >	83
	文法	84
第17課	방학 때 뭐 할 거예요?	88
	学習内容 > 予定・願望の表現	88
	本文	88
	語彙と表現 >	89
	文法	90
語彙リスト 韓国語→日本語		92
語彙リスト 日本語→韓国語		99

文字編

第1課　韓国語と文化・社会の基礎知識

　日本では「韓国語」のほかに、「ハングル」など、さまざまな名称が使われていますが、それはなぜでしょうか。「韓国語」「ハングル」について学ぶ前に、韓国語とその文化・社会について基礎知識を身につけましょう。

1　さまざまな名称

　日本では、以下のように、「国名」あるいは「科目名」の名称がたくさんあります。これを理解するためには朝鮮半島と日本とのかかわりなど、歴史的な背景を理解する必要があります。
▶ 科目名は、「韓国語」「朝鮮語」「韓国・朝鮮語」「朝鮮・韓国語」「コリア語」など
▶ 国名は、「韓国?」「朝鮮?」「コリア?」
▶ 地域を指す用語として、「朝鮮半島?」「韓半島?」

(1) NHKの語学番組の名称

　1984年度から2007年度まで放送されたテレビ・ラジオ番組のタイトルは「アンニョンハシムニカ・ハングル講座」でした。2008年度から、「テレビでハングル講座」(テレビ番組)、「まいにちハングル講座」(ラジオ番組)に変更しました。なぜ、NHKの語学番組の正式名称は「韓国語」や「朝鮮語」とせず、「ハングル講座」という講座名になったのでしょうか。

(2) 「アンニョンハセヨ?」の意味と使い方

　「アンニョンハセヨ?」は、いろいろな場面や意味で使われることばです。「アンニョンハセヨ」は、本来、疑問文であることに注意してください。疑問文なので話すときは文末語尾の抑揚を上げます。また、より丁寧に言うときは「アンニョンハシムニカ?」といいます。韓国語の終結語尾の「～ヨ」や「～ニダ」は、「～です/ます」の意味です。疑問文(～ですか/ますか)にするときは、「～ヨ?」や「～ニカ?」になります。「ハセヨ?」より丁寧な言い回しは、「ハシムニカ?」となります。
　韓国語は、「丁寧(丁重)な表現」として、「打ち解けた表現」と「改まった表現」の二つの言い回しがあります。文末語尾が「～ヨ(?)」は打ち解けた表現で、「～ニダ」「～ニカ?」は改まった表現で、「アンニョンハセヨ?」より丁寧(丁重)に言うときは「アンニョンハシムニカ?」と言います。

(3) 国名：韓国?北朝鮮?

　国名についても歴史的な事情があります。地理的な名称についても、日本では「朝鮮半島」といいますが、韓国では「韓半島」(ハンバンド)といいます。一般的によく使われている「韓国」は、正式な国名ではありません。「北朝鮮」とも言っていますが、正式な国名ではありません。皆さんは「韓国」や「北朝鮮」の正式な国名を知っていますか。
　正式な国名は、「大韓民国」「朝鮮民主主義人民共和国」です。日本で「大韓民国」(テーハン

ミングゥ)という韓国の正式な国名が一般的に知られるようになったのは、2002年日韓共同開催ワールドカップの際です。その時の2002ワールドカップのキャッチフレーズである「テーハンミング！」やレッドデビル　red devil　は日本のメディアでも紹介され広く知られるようになりました。現在も「朝鮮半島」は政治的(地理的)に二分されています(軍事境界線として「38度線」が引かれています)。

　もう少し、「韓国」(ここでは北朝鮮については扱いません)についての歴史的な背景などを見ましょう。

　韓国の正式な国名は「大韓民國」(ハングル表記は대한민국、テハンミングゥ)で、「韓國」(한국、ハングゥ)は略称です。「韓」は、古代朝鮮半島の南部にあって「三韓」と呼ばれた馬韓、辰韓、弁韓に由来する民族の名です。1897年に当時の朝鮮国(朝鮮王朝)が近代国家を目指して使用した国号「大韓帝国」に由来しています。

「韓」から「朝鮮」へ、さらに、「大韓」へ

- ▶ 1910年の日韓併合後、朝鮮の地域呼称は「韓」から「朝鮮」へ戻された
- ▶ 1919年、朝鮮独立運動の活動家達が中華民国で「朝鮮の亡命政権」(大韓民国臨時政府)を樹立、共和制国家の名称として「大韓」と「民国」を採用した
- ▶ 1945年8月15日、日本がポツダム宣言の受託を宣言し、朝鮮の日本統治からの離脱が決定(韓国ではこれを「光復」(クァンボク)と呼び、8月15日を光復節(クァンボクチョル)という祝日に定めている)
- ▶ 1945年〜1948年、連合軍による軍政期
- ▶ 1948年8月15日、光復節、大韓民国政府樹立を宣言
- ▶ 同年9月9日、朝鮮民主主義人民共和国(北朝鮮)独立
- ▶ 1950年〜1953年、朝鮮戦争(韓国では「韓国戦争」)

韓国における「朝鮮」という用語

- ▶ 「朝鮮民族」「朝鮮語」を「韓民族」「韓国語」、朝鮮半島を「韓半島」、朝鮮戦争を「韓国戦争」
- ▶ 朝鮮人参も「高麗人参」
- ▶ 少数の固有名詞は残存：「朝鮮日報」「朝鮮ホテル」など、歴史的感覚から「高麗」「新羅」と同様に「朝鮮」を使用

　大韓民国建国以降は、北朝鮮が半島全土の呼称として「朝鮮」を用いていることなどを受け、「朝鮮」という表現を避ける傾向が強くあります。このため、韓国人が「朝鮮民族」「朝鮮語」などの言葉を日常で使うことはほとんどなく、「韓民族」「韓国語」という表現が主流となっています。また、朝鮮半島を「韓半島」、朝鮮戦争を「韓国戦争」または「韓国動乱」などと呼ぶのが一般的となっています。朝鮮の南北についても「北韓・南韓」と呼んでいます。さらに、朝鮮人参も「高麗人参」と言います。また、ホテル名や学校名、朝鮮日報のような大韓民国成立以前から存在する組織など、極少数の固有名詞では、敢えて歴史的な事実を尊重して、歴史的感覚から「高麗」「新

羅」と同様に「朝鮮」を使用している場合もあります。

ヨーロッパ諸国における呼称

欧米のメディアでのコリア(Korea)はマルコ・ポーロの『東方見聞録』における「高麗(고려 [korjʌ]、コリョ)」に由来します。大韓民国の呼称は Republic of Korea(ROK)を公式に使用しています。また、北朝鮮をNorth Korea(DPRK)、韓国をSouth Korea と略します。

2 韓国の行政区域

韓国は実効統治する領域を17の第一級行政区画(1特別市・6広域市・1特別自治市・8道・1特別自治道)に区分しています。基本的には、第二級行政区画に当たる市・郡、および特別市・広域市管下の区が基礎自治体であります。

特別市(とくべつし)
ソウル特別市

広域市(こういきし)
釜山(プサン)広域市
大邱(テグ)広域市
仁川(インチョン)広域市
光州(クァンジュ)広域市
大田(テジョン)広域市
蔚山(ウルサン)広域市

特別自治市(とくべつじちし)
世宗(セジョン)特別自治市

道(どう)
京畿(キョンギ)道
江原(カンウォン)道
忠清北(チュンチョンブク)道
忠清南(チュンチョンナム)道
全羅北(チョルラブク)道
全羅南(チョルラナム)道
慶尚北(キョンサンブク)道
慶尚南(キョンサンナム)道

特別自治道(とくべつじちどう)
済州(チェジュ)特別自治道

3 使用言語

次に、韓半島の言語についてです。韓国では「韓国語」、北朝鮮では「朝鮮語」といいます。両者の間には語彙やイントネーションの違いはあるものの基本的に同じ言語です。朝鮮半島のことば、すなわち、「韓国語」「朝鮮語」「コリア語」を使っているひとは、朝鮮半島の他、世界の各地にそのルーツを持つ人々が住んでおり、その主な国は中国、米国、日本、カナダ、ロシア、ウズベキスタン、カザフスタン、オーストラリアなどがあり、話者の数は8000万人以上です。

4 ハングルと韓国語について

(1) ハングルの意味と誕生

「ハングル」の「ハン」は「一つ」または「大きな(大いなる)」の意味で、「グル」は「文字、文」の意味です。その意味からして「ハングル語」や「ハングル文字」などは正しくない表現です。他に例を挙げると、「キムチチゲなべ」も同じです。「チゲ」は「なべ」の意味なので「キムチなべ鍋」のよう

な意味になりますね。他にも「コリア語」というよく使いますが、この場合は、「コリア」の「語(ことば)」の意味です。

　ハングルは、朝鮮時代(1392〜1910)の第4代国王「世宗」(セジョン)の指示により、「集賢殿」(チッピョンジョン)という研究機関の学者らによって、1443年に創られ、1446年に「訓民正音」(民を訓える正しい音」という意味)という名で公布された韓国固有の文字です[1]。ソウルの中心街である光化門(グァンファムン)広場には世宗大王像(左の写真[2])があります。また、韓国紙幣の1万ウォン札の表には世宗大王の肖像があります(右の写真[3])。

　「ハングル」という名が普及するのは近代になってからです。1894年、高宗(コジョン)王が国の公的な文書にもハングルを使用しようと宣布することでハングルは国文として認められました。これに基づき漢字中心の文字生活がハングルに移りながらハングルの使用領域がどんどん広がりました。ハングル使用に関する様々な意見を出し合い、言葉と文字に対する研究も活発になって、ハングル正書法と分かち書きなどハングルの正しい書き方のため基準も定められました。

　19世紀末からの西欧の機械式印刷技術の導入とともにハングルの印刷物の大量生産が促進されました。新聞、雑誌、文学書などいろいろな種類のハングルの出版物が発行されて、タイトルと表紙をハングルでデザインするなど、時代の流れに乗った試みがなされました[4]。

---

1 出所：한국민족문화대백과사전(韓国民族文化大百科事典)
　http://encykorea.aks.ac.kr/Contents/Item/E0061508
2 出所：光化門広場の写真アルバム | 市庁・光化門(ソウル)の観光スポット | 韓国旅行「コネスト」
　(konest.com)
3 出所：한국은행(bank of KOREA)のHP
　https://www.bok.or.kr/museum/singl/crrncySearch/view.do?crrncySn=8671&nationCd=0123&korAt=Y&menuNo=700125&listType=G&pageIndex=13
4 出所：문화체육관광부, 국립한글박물관(文化体育観光部、国立ハングル博物館)
　https://www.hangeul.go.kr/lang/jp/specialExh/specialExhView.do?pageIndex=1&no=134&lang=&searchWordGubun=title&searchWordNm=

(2) 文字の形と原理

　創製当時は、子音字母が17字、母音字母が11字で、合わせて28字でした[5]。子音字母は発音器官の形をかたどって作られた文字です。子音字母の基本字はㄱㄴㅁㅅㅇの5字母です。ㄱは舌先が喉を防ぐ形を、ㄴは舌先が上の歯茎に付く形を、ㅁは唇が付いて離れる形を、ㅅは前歯の形を、ㅇは喉の形をかたどって作られました。母音字母の基本字母は「・」「ー」「ㅣ」の3つです。母音字の原理は、「・」は最初に創られた「天」を、「ー」は平らな「地」を、「ㅣ」は天と地の次に作られた「人」を意味します。「天(・)、地(ー)、人(ㅣ)」の三要素によって作られました。子音字母は基本字母に画を加えて増えました。例 ㄱ→ㅋ、ㄴ→ㄷ→ㅌ、ㅁ→ㅂ→ㅍ など(画数が増えるほど強い音になります)。母音字母は基本字母を合わせて作られました。例 ㅣ→ㅏ→ㅑ など。

創製当時の子音字母(17字)

創製当時の母音字母(11字)

(3) 文の仕組みと韓国語の特徴

　韓国語は文法的に日本語によく似ていると言われます。例に示したように、語順がとてもよく似ていて英語や中国語に比べて日本人が学習しやすい外国語です。他に、韓国語には「助詞」「漢字語」「外来語」「尊敬語」などがあり、日本語と類似する点が多く、漢字語の中には発音が日本語の音読みとよく似ている単語が多いことも特徴です。韓国語の文の書き方は「分かち書き」、単語の間に一文字分のスペースを空けて書きます。

저는	한국어를	공부하고	있어요.
チョヌン	ハングゴルル	コンブハゴ	イッソヨ
私は	韓国語を	勉強して	います。

　韓国語の語彙には「漢字語」と「固有語」があります。「漢字語」[6]とは、학교(学校)、교과서(教科書)のように漢字で書き表すことができる語彙のことです。例えば、漢字の「学校」を韓国語の発音(音読み)のままハングルで書いたものです。韓国では日常生活で漢字が使われることはあまりありません。名前もハングルで書くのが一般的です。「固有語」は漢字語がない、韓国固有のことば

---

5 出所：문화체육관광부, 국립한글박물관(文化体育観光部、国立ハングル博物館)
　https://www.hangeul.go.kr/webzine/202010/sub1_3.html
6 漢字語は次の3つに区分されます。①中国語で使われたものがそのまま韓国語の発音で使われるもの、例 군자(君子)・성인(聖人)、②韓国語で作られたもの(中国語では使われないもの)、例 전답(田畓)・기차(汽車)、③日本語で作られたもの、例 입구(入口)・취급(取扱)・상담(相談) などです。出所：한국민족문화대백과사전(Encyclopedia of Korean Culture, 韓国民族文化大百科事典)

によって作られた語彙のことです。最近の韓国人の名前には漢字を使わず固有語で作られた名前も多く、(「ハングル名前」)、例 최 아람(チェ アラム), 최 한비(チェ ハンビ)。日本では外来語はカタカナで書きますが、韓国では外来語もハングルで書きます。ただ、英語にはこれらの母音があり、英語には子音止めの単語も多いので英語を参照すれば大丈夫です。

学習しにくい点としては、①韓国語には日本語にない母音の数が多いこと、②「パッチム」(子音で終わる音)があることです。

(4) 韓国語のローマ字発音表記法

本テキストでは、発音は、『한국어문규정집』(韓国語文規定集)にある「韓国語のローマ字表記法」の原則[7]を参照に基づいて表記することにします。

1) 母音：単母音(10)、二重母音(11)

単母音

ㅏ	ㅓ	ㅗ	ㅜ	ㅡ	ㅣ	ㅐ	ㅔ	ㅚ	ㅟ
a	eo	o	u	eu	i	ae	e	oe	wi

二重母音

ㅑ	ㅕ	ㅛ	ㅠ	ㅒ	ㅖ	ㅘ	ㅙ	ㅝ	ㅞ	ㅢ
ya	yeo	yo	yu	yae	ye	wa	wae	wo	we	ui

※ 二重母音の ㅢ は、無音のㅇ以外の子音字母が付く場合は短母音のㅣ(i)と発音しますが、uiと表記します。例 희[히](hui)

2) 母音：破裂音(9)、破擦音(3)、摩擦音(3)、鼻音(3)、流音(1)

破裂音

ㄱ	ㄲ	ㅋ	ㄷ	ㄸ	ㅌ	ㅂ	ㅃ	ㅍ
g, k	kk	k	d, t	tt	t	b, p	pp	p

※「ㄱ, ㄷ, ㅂ」は母音の前では「g, d, b」と表記し、子音の前や語末では「k, t, p」と表記します。
　例 김포공항(金浦空港)Gimpo Airport / 학교(学校)hakkyo

---

[7] 『한국어문규정집』(韓国語文規定集)、국립국어원(国立国語院)、2018年(第4刷)。
「国語のローマ字表記法」は1984年に、「外来語表記法」は1986年に告示された。「国語のローマ字表記法」は2000年に全面改正され、2014年に一部の用例の誤りを修正した。「外来語表記法」も2017年に一部内容を修正した。

破擦音			摩擦音			鼻音			流音
ㅈ	ㅉ	ㅊ	ㅅ	ㅆ	ㅎ	ㄴ	ㅁ	ㅇ	ㄹ
j	jj	ch	s	ss	g	n	m	ng	r, l

※ ㅇ(イウン)は語頭で(母音字につける場合)は無音の子音ですが、語末ではパッチムになるので「ng」と表記します。例 가방(カバン)gabang

※ 「ㄹ」(リウル)の発音は母音の前では「r」と表記し、子音の前や語末では「l」(エル)と表記します。「ㄹ」が続く場合は「ll」(エル2つ)と表記します。例 신라 호텔 [실라] Sylla Hotel

⑸ ハングルの字母と仕組み

　ハングルの基本子音字母は14個で、基本子音字母を重ねる5字、これらを合わせ子音字母は19字です。基本母音の字母は10個で、基本母音字母を合わせて作られた11字(二重母音)を合わせると母音字母は21個です。基本字母が子音14と母音10と考えれば、合わせて24, 欧米の言語が用いるアルファベット26より少ないのです。

基本子音字母(14字)	ㄱ	ㄴ	ㄷ	ㄹ	ㅁ	ㅂ	ㅅ	ㅇ	ㅈ	ㅊ	ㅋ	ㅌ	ㅍ	ㅎ
	g	n	d	r	m	b	s	無音	j	ch	k	t	p	h
双子音字母(5字)	ㄲ		ㄸ			ㅃ	ㅆ		ㅉ					
	gg		dd			bb	ss		jj					

基本母音字母(10字)	ㅏ	ㅑ	ㅓ	ㅕ	ㅗ	ㅛ	ㅜ	ㅠ	ㅡ	ㅣ
	a	ya	eo	yeo	o	yo	u	yu	eu	i
二重母音(11字)	ㅑ ya	ㅒ yae	ㅐ ae	ㅖ ye	ㅘ wa		ㅟ wi		ㅢ ui	
					ㅙ wae		ㅞ we			
					ㅚ oe		ㅟ wi			

8　文字編

ハングルはこのような子音字母と母音字母と組み合わせて一つの文字とします。最初に書くのは子音字母で、子音字母の右または下に母音字母を書きます。日本語の「ひらがな」という文字を例に、日本語、ローマ字、ハングルと比較してみてみましょう。

ひらがな	ひ	ら	が	な
ローマ字	hi	ra	ga	na
ハングル	히	라	가	나

　母音字母を書く場所は、以下のように定められています。

｜, ㅏ, ㅓ などの母音字　→　子音字の右側に書く	(タイプ1)
ㅡ, ㅗ, ㅜ などの母音字　→　子音字の下に書く	(タイプ2)

　また、子音字母と母音字母で構成された文字の下に、さらに子音字(「パッチム」、支えるの意)が付く文字もあります。パッチムは全部で27字母あります。文字タイプを大きく分けると、以下4つのタイプがあります。

タイプ1　子音字母＋母音字母(子音字母の右に書く)：이(i), 가(ga), 냐(nya)

子音 字母	母音 字母

ㅇ	ㅣ

ㄱ	ㅏ

ㄴ	ㅑ

タイプ2　子音字母＋母音字母(子音字母の下に書く)：오(o), 무(mu), 쇼(sho)

子音字母
母音字母

ㅇ
ㅗ

ㅁ
ㅜ

ㅅ
ㅛ

タイプ3 子音字母＋母音字母(子音字母の右に書く)＋子音(パッチム)：한(han), 일(il), 김(gim)

子音字母	母音字母
ㅎ	ㅏ
子音字母
ㄴ

ㅇ	ㅣ
ㄹ

ㄱ	ㅣ
ㅁ

タイプ4 子音字母＋母音字母(子音字母の下に書く)＋子音(パッチム)：글(geul), 본(bon), 묵(muk)

子音字母	ㄱ	ㅂ	ㅁ
母音字母	ㅡ	ㅗ	ㅜ
子音字母	ㄹ	ㄴ	ㄱ

자유시간 自由時間 Free Time

자유시간 自由時間 Free Time

第2課　母音字母（１）：基本母音１０

　この課ではハングルの基本母音10個を学びましょう。発音表記は「韓国語のローマ字表記法」[8]にしたがって表記しますが、ローマ字も併記します。

1　基本母音字母10個と発音

　基本母音字母の書き方は左から右へ、上から下へと書きます。発音しながら書いて覚えましょう。

	①	②	③	④	⑤	⑥	⑦	⑧	⑨	⑩
	ㅏ	ㅑ	ㅓ	ㅕ	ㅗ	ㅛ	ㅜ	ㅠ	ㅡ	ㅣ
	a [a]	ya [ja]	eo [ɔ]	yeo [jɔ]	o [o]	yo [jo]	u [u]	yu [ju]	eu [ɯ]	i [i]

※ ③のㅓ(eo)、④のㅕ(yeo)、⑨のㅡ(eu)は日本語にはない発音です。
　③のㅓの発音は英語では [ɔ]や[ə]に当たります。

※ 日本語で「や行」に当たる②④⑥⑧は、以下のように作られたものです。

　　ㅣ(i) ＋ ㅏ(a) → ㅑ (ya)　　　　　　ㅣ(i) ＋ ㅗ(o) → ㅛ (yo)

　　ㅣ(i) ＋ ㅓ(eo) → ㅕ (yeo)　　　　　ㅣ(i) ＋ ㅜ(u) → ㅠ (yu)

---

8 第1課4の(4)参照

2 子音（無音）のㅇに母音を書いた文字

「ハングルの字母と仕組み」で説明したように、ハングルは子音字母と母音字母の組み合わせで一つの文字になります。母音字母を文字として書く場合は、無音を表す子音字ㅇ(イウン)を組み合わせて書きます。ㅣ(i), ㅏ(a), ㅓ(eo) など縦長の母音字母は子音字母の右側に書き、ㅡ(eu), ㅗ(o), ㅜ(u) など横長の母音字母は子音字母の下に書きます。

아	야	어	여	오	요	우	유	으	이
a	ya	eo	yeo	o	yo	u	yu	eu	i

練習1 次の単語を読みながら書いてみましょう。下線に該当するハングルは漢字語です。

(1)	이	二/歯			
(2)	오	五			
(3)	아이	子供			
(4)	오이	キュウリ			
(5)	여우	キツネ			
(6)	우유	牛乳			
(7)	이유	理由			
(8)	아야!	痛い！(感嘆詞)			
(9)	여유	余裕			
(10)	유아	乳児			

第2課　母音字母(1)：基本母音10

練習2 次の文字を順番に読んでみましょう。

(1) 아 어 우 이

(2) 오 으 우 어

(3) 어 오 아 우

(4) 유 여 요 야

(5) 요 유 야 여

(6) 여 요 유 야

練習3 例のように、発音を聞いて、聞こえた文字に○をつけましょう。

例 오 ⓘ

(1) 아 어

(2) 우 으

(3) 오 어

(4) 으 이

(5) 오 우

(6) 여 요

(7) 유 야

(8) 여 요

(9) 여 야

(10) 요 여

練習4 発音を聞いて、聞こえた単語に○をつけましょう。

(1) キュウリ　어이　오이　우이

(2) 理由　　　이요　이여　이유

(3) 余裕　　　유여　여유　요여

(4) 牛乳　　　우유　우요　오유

(5) 子供　　　어이　아으　아이

(6) キツネ　　여유　여우　어우

14　文字編

練習5 基本母音字10個を見ないで発音しながら順番に書いてみましょう。

a	ya	eo	yeo	o	yo	u	yu	eu	i
[a]	[ja]	[ɔ]	[jɔ]	[o]	[jo]	[u]	[ju]	[ɯ]	[i]

知っ得？コーナー　　あいさつ表現

　ハングルの基本母音字10個と単語、しっかり覚えましたか。ハングルは日本語にない母音(の発音)が多いように感じますね。日本語の「ひらがな50音」は「あいうえお」(母音)から始まり、「か行、さ行、た行」など続きます。また、日本語の辞書には「あ」から始まりますが、韓国語は最初に書く字母は子音字母で、辞書の一番初めは가(ga)から始まります。次の課では基本子音字を覚えましょう。

日本語の「あ・い・う・え・お」のハングル

　ところで、日本語の「あいうえお」をハングルで書くとどうなるでしょうか。韓国語の基本母音10個には「え(e)」の発音は含まれません。韓国語では「え(e)」の発音は、以下のように二つの基本母音が合わさって作られた「二重母音」です。書いてみましょう。

ㅓ(eo) ＋ ㅣ(i) → ㅔ(e)

あ	い	う	え	お
아	이	우	에	오

第3課　子音字母(1)：平音10(初声)

　基本子音字母は14個で、基本子音字母を重ねる5字(濃音)、これらを合わせ子音字母は19字です。この課では、14個の基本子音字母のうち、まず基本子音字母10個を覚えましょう。

1 基本子音字母10個と発音

　基本子音字母の書き方は左から右へ、上から下へと書きます。以下の点に注意しながら書いて覚えましょう。

①のㄱ(g)は、右側に母音を書く場合はやや斜めに長きます。例가(ga), 기(gi)
⑦のㅅ(s)は、漢字の「人」とほぼ同じ形で書くといいです。
⑨のㅈ(j)は、カタカナの「ス」と同じ形で書くといいです。

①	②	③	④	⑤	⑥	⑦	⑧	⑨	⑩
ㄱ	ㄴ	ㄷ	ㄹ	ㅁ	ㅂ	ㅅ	ㅇ	ㅈ	ㅎ
g	n	d	r	m	b	s	無音	j	h

知っ得？コーナー　　文字の書き方やいろいろなスタイル

Batang	가 나 다 라 마 바 사 아 자 하	고 노 도 로 모 보 소 오 조 호
Gulrim	가 나 다 라 마 바 사 아 자 하	고 노 도 로 모 보 소 오 조 호
Dotum	가 나 다 라 마 바 사 아 자 하	고 노 도 로 모 보 소 오 조 호
DX숭례문B	가 나 다 라 마 바 사 아 자 하	고 노 도 로 모 보 소 오 조 호
HY수평선E	가 나 다 라 마 바 사 아 자 하	고 노 도 로 모 보 소 오 조 호
Gungseo	가 나 다 라 마 바 사 아 자 하	고 노 도 로 모 보 소 오 조 호
1훈하늘 R	가 나 다 라 마 바 사 아 자 하	고 노 도 로 모 보 소 오 조 호

2 子音字母に母音字母をつけた文字

(1) 子音字母の右側に母音字母 ㅏ(a)、ㅣ(i)をつけた文字

가	나	다	라	마	바	사	아	자	하
ga	na	da	ra	ma	ba	sa	a	ja	ha

기	니	디	리	미	비	시	이	지	히
gi	ni	di	ri	mi	bi	si	i	ji	hi

(2) 子音字母の下に母音字母 ㅗ(o)、「ㅜ」(u)をつけた文字

고	노	도	로	모	보	소	오	조	호
go	no	do	ro	mo	bo	so	o	jo	ho

구	누	두	루	무	부	수	우	주	후
gu	nu	du	ru	mu	bu	su	u	ju	hu

第3課　子音字母(1)：平音10(初声)

練習1 基本母音10個を組み合わせて書いてみましょう。※母音⑤〜⑨は子音の下に書く。

	①	②	③	④	⑤	⑥	⑦	⑧	⑨	⑩
	a	ya	eo	yeo	o	yo	u	yu	eu	i
g	가	갸	거	겨	고	교	구	규	그	기
n	나	냐	너	녀	노	뇨	누	뉴	느	니
d	다	댜	더	뎌	도	됴	두	듀	드	디
r	라	랴	러	려	로	료	루	류	르	리
m	마	먀	머	며	모	묘	무	뮤	므	미
b	바	뱌	버	벼	보	뵤	부	뷰	브	비
s	사	샤	서	셔	소	쇼	수	슈	스	시
a	아	야	어	여	오	요	우	유	으	이
j	자	쟈	저	져	조	죠	주	쥬	즈	지
h	하	햐	허	혀	호	효	후	휴	흐	히

練習2 単語を読みながら書いて覚えましょう。

①	가수	歌手			
②	고기	肉			
③	구두	靴			
④	나이	歳(とし)			
⑤	누구	誰			
⑥	다리	橋/脚			
⑦	두부	豆腐			
⑧	라디오	ラジオ			
⑨	머리	頭			
⑩	바지	ズボン			
⑪	아버지	お父さん			
⑫	야구	野球			
⑬	어머니	お母さん			
⑭	여기	ここ			
⑮	오후	午後			
⑯	요리	料理			
⑰	우리	私たち			
⑱	자리	席			
⑲	지도	地図			
⑳	하나	一つ			

第3課　子音字母(1)：平音10(初声)

第4課　子音字母(2)：激音4と濃音5(初声)

この課では、激音字母(4)と濃音字母(5)を覚えましょう。

1 激音4(初声)

激音字母の書き方は、「ㅂ以外」は平音に一画加えると理解すれば覚えやすいです。

平音			激音	
ㄱ	g	→	ㅋ	k
ㄷ	d	→	ㅌ	t
ㅂ	b	→	ㅍ	p
ㅈ	j	→	ㅊ	ch/ts

激音の発音のコツ　Point

激音は息を強く吐き出す音です。

練習1　激音字母に基本母音10個をつけて書いてみましょう。母音⑤〜⑨は子音の下に書く。

	①	②	③	④	⑤	⑥	⑦	⑧	⑨	⑩
	ㅏ	ㅑ	ㅓ	ㅕ	ㅗ	ㅛ	ㅜ	ㅠ	ㅡ	ㅣ
	a	ya	eo	yeo	o	yo	u	yu	eu	i
ㅋ	카	캬	커	켜	코	쿄	쿠	큐	크	키
ㅌ	타	탸	터	텨	토	툐	투	튜	트	티
ㅍ	파	퍄	퍼	펴	포	표	푸	퓨	프	피
ㅊ	차	챠	처	쳐	초	쵸	추	츄	츠	치

20　文字編

| 練習2 | 単語を読みながら書いて覚えましょう。 | | | | |

①	고추	唐辛子			
②	기차	汽車			
③	노트	ノート			
④	아프다	痛い			
⑤	우표	切手			
⑥	차	車、お茶			
⑦	치마	スカート			
⑧	치즈	チーズ			
⑨	커피	コーヒー			
⑩	코코아	ココア			
⑪	코피	鼻血			
⑫	크다	大きい			
⑬	키	背			
⑭	토마토	トマト			
⑮	티슈	ティッシュ			
⑯	파	ネギ			
⑰	파티	パーティー			
⑱	포도	葡萄			
⑲	피아노	ピアノ			
⑳	피자	ピザ			

第4課　子音字母(2)：激音4と濃音5(初声)

2 濃音5（初声）

濃音字母は平音字母を2個続けて書きます。濃音字母は「平音字母のふたご」と覚えましょう！

平音			激音	
ㄱ	g	→	ㄲ	kk
ㄷ	d	→	ㄸ	tt
ㅂ	b	→	ㅃ	pp
ㅅ	s	→	ㅆ	ss
ㅈ	j	→	ㅉ	jj

濃音の発音のコツ

濃音の発音は息を出さずに喉を詰まらせて発音します。母音と組み合わせはできますが、実際に単語として使われてない文字も多いです。

練習1 濃音字母に基本母音10個をつけて書いてみましょう。母音⑤〜⑨は子音の下に書く。

	①	②	③	④	⑤	⑥	⑦	⑧	⑨	⑩
	ㅏ	ㅑ	ㅓ	ㅕ	ㅗ	ㅛ	ㅜ	ㅠ	ㅡ	ㅣ
	a	ya	eo	yeo	o	yo	u	yu	eu	i
ㄲ	까	꺄	꺼	껴	꼬	꾜	꾸	뀨	끄	끼
ㄸ	따	땨	떠	뗘	또	뚀	뚜	뜌	뜨	띠
ㅃ	빠	뺘	뻐	뼈	뽀	뾰	뿌	쀼	쁘	삐
ㅆ	싸	쌰	써	쎠	쏘	쑈	쑤	쓔	쓰	씨
ㅉ	짜	쨔	쩌	쪄	쪼	쬬	쭈	쮸	쯔	찌

練習2 単語を読みながら書いて覚えましょう。

①	가짜	にせもの			
②	꼬리	しっぽ			
③	또	また			
④	비싸다	(値段)高い			
⑤	뽀뽀	チュウ			
⑥	싸다	安い			
⑦	아까	さっき			
⑧	아빠	パパ			
⑨	오빠	(妹から)兄			
⑩	짜다	しょっぱい			

平音・激音・濃音のまとめ

平音	ㄱ	ㄷ	ㅂ	ㅅ	ㅈ	息を強く吐き出さない。
	g	d	b	s	j	
激音	ㅋ	ㅌ	ㅍ	/	ㅊ	息を強く吐きだす。
	k	t	p	/	ch/ts	
濃音	ㄲ	ㄸ	ㅃ	ㅆ	ㅉ	息を出さずに喉を詰まらせて発音する。
	kk	tt	pp	ss	jj	

第4課　子音字母(2)：激音4と濃音5(初声)

第5課　母音字母(2)：合成母音字母11

　この課では、合成母音字母11個を覚えましょう。合成母音は複合母音とも言います。二つ以上の基本母音字の組み合わせで作ります。

1　合成母音字母11個の組み合わせと発音

　合成母音の組み合わせは、以下のように「4・3・3・1」のルールで覚えると覚えやすいです。

(1) 基本母音の ㅏ(a) ㅑ(ya) ㅓ(eo) ㅕ(yeo) に ㅣ(i) を組み合わせた4個の合成母音
(2) 基本母音の ㅗ(o) に ㅏ(a) ㅐ(ae) ㅣ(i) を組み合わせた3個の合成母音 ☞「オ組」
(3) 基本母音の ㅜ(u) に ㅓ(eo) ㅔ(e) ㅣ(i) を組み合わせた3個の合成母音 ☞「ウ組」
(4) 基本母音の ㅡ(eu)と ㅣ(i) を組み合わせた合成母音

(1)	①	아 + ㅣ	애	ae	「ア」を発音するように口を大きく開けて「エ」と発音する
	②	야 + ㅣ	얘	yae	基本語の「イェ」より口を大きく開けて発音する
	③	어 + ㅣ	에	e	基本語の「エ」と同じ発音
	④	여 + ㅣ	예	ye	基本語の「イェ」と同じ発音
(2)「オ組」	⑤	오 + ㅏ	와	wa	基本語の「ワ」と同じ発音
	⑥	오 + ㅐ	왜	wae	基本語の「ウェ」と同じ発音
	⑦	오 + ㅣ	외	oe	基本語の「ウェ」と同じ発音
(3)「ウ組」	⑧	우 + ㅓ	워	wo	基本語の「ウォ」と同じ発音
	⑨	우 + ㅔ	웨	we	基本語の「ウェ」と同じ発音
	⑩	우 + ㅣ	위	wi	基本語の「ウィ」と同じ発音
(4)	⑪	으 + ㅣ	의	ui	＊日本語にはない発音

24　文字編

練習1 発音しながら書いて覚えましょう。

	①	②	③	④	⑤	⑥	⑦	⑧	⑨	⑩	⑪
	애	얘	에	예	와	왜	외	워	웨	위	의
	ae	yae	e	ye	wa	wae	oe	wo	we	wi	ui
	エ	イェ	エ	イェ	ワ	ウェ	ウェ	ウォ	ウェ	ウィ	＊

練習2 애, 얘, 에, 예 の合成母音を含む単語を読みながら書いて覚えましょう。

①	개	犬			
②	게	カニ			
③	노래	歌			
④	배우	<u>俳優</u>			
⑤	아니에요	いえいえ/違います			
⑥	아이패드	アイパッド			
⑦	여보세요	もしもし			
⑧	예뻐요	きれいです			
⑨	제	私の			
⑩	찌개	チゲ			

第5課 母音字母(2)：合成母音字母11

練習3　와, 왜, 외, 워, 웨, 위, 의の合成母音を含む単語を読みながら書いて覚えましょう。

①	가위	はさみ			
②	과자	お菓子			
③	교과서	教科書			
④	더워요	暑いです			
⑤	돼지	豚			
⑥	매워요	辛いです			
⑦	뭐	何			
⑧	어려워요	難しいです			
⑨	와요	来ます			
⑩	왜	なぜ			
⑪	위	上			
⑫	의사	医者			
⑬	의자	椅子			
⑭	추워요	寒いです			
⑮	취미	趣味			
⑯	회사	会社			

26　文字編

2 合成母音の注意する発音 ㅖ, ㅢ

(1) ㅖ

예 「イェ」は、ㅇ(無音)以外の子音が付く場合は「エ」と発音します。

例 시계 [시게] (sige シゲ)　時計

(2) ㅢ

의の読み方は、以下のように3通りあります。

① 語頭では[의]と発音する	例 의미 [의미]	意味
② 語中・語末では[이]と発音する	例 회의 [회이]	会議
③ 助詞「の」は[에]と発音する	例 누구의 [누구에]	誰の

また、의 は、語頭にㅇ(無音)以外の子音が付く場合は [이] と発音します。

例 희수 [히수] (hisu) ☞ 人名

자유시간 自由時間 Free Time

第6課 パッチム(終声)

　この課では、パッチムのある文字の発音について学習しましょう。パッチムとは、子音字母と母音字母で構成された文字の下に付く子音字母のことを言います。パッチムの韓国語の意味は「下で支えるもの」という意味です。「終声」あるいは「第2子音」とも言います。日本語にある促音「ッ」や「ん」のような発音だと理解するといいと思います。パッチムをハングルで書くと 받침(batchim)と書きます。

韓han

ㅎ	ㅏ	子音(初声)	母音(中声)
ㄴ		パッチム(終声)	

国guk

ㄱ	子音(初声)
ㅜ	母音(中声)
ㄱ	パッチム(終声)

1 パッチムの種類と発音

　パッチムの種類は、濃音 ㄸ, ㅃ, ㅉ を除く16個の子音のほかに、異なる2つの子音がパッチムとして付く文字(二重パッチム)もあり、全部で27種類ありますが、パッチム音は7つで、韓国語で発音を書く場合は「代表音(平音)」で書きます。

	パッチムの種類		代表音	発音
①	ㄱ, ㅋ, ㄲ, ㄳ, ㄺ	→	ㄱ	k
②	ㄴ, ㄵ, ㄶ	→	ㄴ	n
③	ㄷ, ㅌ, ㅅ, ㅆ, ㅈ, ㅊ, ㅎ	→	ㄷ	t
④	ㄹ, ㄼ, ㄽ, ㄾ, ㅀ	→	ㄹ*	l
⑤	ㅁ, ㄻ	→	ㅁ	m
⑥	ㅂ, ㅍ, ㅄ, ㄿ	→	ㅂ	p
⑦	ㅇ	→	ㅇ	ng

＊ㄹのローマ字表記は初声ではrと表記しますが、パッチム(終声)ではl(エル)と表記します。

2　パッチム字母と発音(1)：パッチム4字・音

　7つのパッチム音の中で、比較的に発音し易い ㄴ(n), ㄹ(l), ㅁ(m), ㅇ(ng)のパッチム音から覚えましょう。発音のコツは、舌先の位置や唇を閉じるか開けるかなどです。ㄴ(n), ㅁ(m), ㅇ(ng)のパッチムは鼻が響く鼻音の発音です。

②	안	an	舌先を上歯の内側にくっつけて発音します。「**あん**ない」(案内)の下線部の発音。唇を閉じません。
④	알	al	舌先を上あごに軽くつけて発音します。唇を開けたままにします。
⑤	암	am	唇を閉じたままにします。「**あん**ま」(按摩)の下線部の発音。
⑦	앙	ang	舌先を下歯の内側にくっつけて発音します。唇を開けたままにします。「**あん**き」(暗記)の下線部の発音。

3　パッチム文字と発音(2)：パッチム3字・音の学び

　次に、ㄱ(k), ㄷ(t), ㅂ(p)のパッチムの発音を学習しましょう。これらのパッチムは息が詰まった感じで止めるのがポイントですが、舌先の位置や唇を閉じるか開けるかなどで区別することができます。

①	악	ak	舌が喉を防ぐ閉鎖。「**あっ**けない」の下線部のような発音です。唇を開けたままにします。
③	앋	at	舌先を上歯の内側にくっつけて発音します。「**あっ**た」(会った)の下線部のような発音です。唇を開けたままにします。
⑥	압	ap	「**あっ**ぱく」(圧迫)の下線部のような発音です。唇を閉じたままにします。

練習1　発音しながら書いて覚えましょう。

① ak	② an	③ at	④ al	⑤ am	⑥ ap	⑦ ang
악	안	앋	알	암	압	앙

練習2 単語を読みながら書いて覚えましょう。 ㄴ(n), ㄹ(l), ㅁ(m), ㅇ(ng)パッチム

①	감사	感謝			
②	김치	キムチ			
③	물	水			
④	반찬	おかず			
⑤	사람	人			
⑥	사랑	愛			
⑦	서울	ソウル			
⑧	선생님	先生(様)			
⑨	시간	時間			
⑩	시험	試験			
⑪	안녕	元気[安寧]			
⑫	여행	旅行			
⑬	이름	名前			
⑭	일본	日本			
⑮	주문	注文			
⑯	치킨	チキン			
⑰	친구	友だち[親旧]			
⑱	혼자	一人			
⑲	화장실	トイレ[化粧室]			
⑳	화장품	化粧品			

練習3	単語を読みながら書いて覚えましょう。　ㄱ(k), ㄷ(t), ㅂ(p)パッチム				
①	곧	すぐ			
②	가족	家族			
③	국	スープ			
④	노트북	ノートパソコン notebook			
⑤	독서	読書			
⑥	맥주	ビール			
⑦	밥	ご飯			
⑧	수업	授業			
⑨	숙제	宿題			
⑩	숟가락	スプーン			
⑪	식당	食堂			
⑫	약속	約束			
⑬	역	駅			
⑭	젓가락	箸			
⑮	지갑	財布			
⑯	집	家			
⑰	책	本			
⑱	케이팝	K-POP			
⑲	학생	学生			
⑳	한국	韓国			

第6課　パッチム(終声)

4 代表音以外のパッチムと単語

7つの代表音のパッチム(ㄱ ㄴ ㄷ ㄹ ㅁ ㅂ ㅇ)以外のパッチムの読み方も、それぞれ代表音で発音します。韓国の辞書にはハングルでその発音(代表音)が書かれています。

꽃	끝	낮	맛	밖	벚꽃	앞	옷
[꼳]	[끋]	[낟]	[맏]	[박]	[벋꼳]	[압]	[옫]
花	終わり	昼	味	外	桜	前	服

5 二重パッチムの発音と単語

異なる2つの子音が付くパッチム(二重パッチム)字・単語は、どちらかのパッチムを発音します。

값 [갑]	닭 [닥]	삶 [삼]	여덟 [여덜]
値段	鶏	生	やっつ

韓国語の数字

漢字語数詞

一	二	三	四	五	六	七	八	九	十
일	이	삼	사	오	육	칠	팔	구	십

固有語数詞

ひとつ	ふたつ	みっつ	よっつ	いつつ	むっつ	ななつ	やっつ	ここのつ	とお
하나	둘	셋	넷	다섯	여섯	일곱	여덟	아홉	열
		[섿]	[넫]	[다섣]	[여섣]		[여덜]		

32　文字編

知っ得？コーナー　　韓国と日本の空港名や航空会社名

空港 공항	羽田空港	하네다공항	金浦空港	김포공항
	成田空港	나리타공항	仁川空港	인천공항
航空会社 항공회사	日本航空(JAL)	일본항공	大韓航空(KAL)	대한항공
	全日空(ANA)	전일본항공	アシアナ航空(ASIANA)	아시아나항공

知っ得？コーナー　　「金のスプーン・お箸と銀のスプーン・お箸」?

수저 = 숟가락 + 젓가락

금수저 ☞ 裕福な家に生まれた人(子)を意味します。親の資産が上位1%以上。
"Born with a silver spoon in one's mouth."

은수저 ☞ 平均以上の裕福な家庭に生まれた人(子)を意味します。お親の資産が上位5%以上。

흙수저 ☞ 貧しい家庭で生まれて た人(子)を意味します。
　　　　　資産5000万ウォン以下または、世帯年収2000万ウォン以下。

※ 韓国では2022年にMBCで 금수저(The Golden Spoon)というドラマが放映され大人気でした。日本では『ゴールデンスプーン』というタイトルで2022年9月23日よりディズニープラスで配信されました[9]。

知っ得？コーナー

韓国にある日本の飲食チェーン店などを調べてみよう。
例 CoCo壱番屋(코코이찌방야)

---

9 https://x.gd/wfzD8

6 日本語の仮名とハングル対照表

※ 韓国の外来語表記法(1986年制定)による表記です。

カナ					ハングル								
					語頭					語中・語末			
ア	イ	ウ	エ	オ	아	이	우	에	오	아	이	우	에	오
カ	キ	ク	ケ	コ	가	기	구	게	고	카	키	쿠	케	코
サ	シ	ス	セ	ソ	사	시	스	세	소	사	시	스	세	소
タ	チ	ツ	テ	ト	다	지	쓰	데	도	타	치	쓰	테	토
ナ	ニ	ヌ	ネ	ノ	나	니	누	네	노	나	니	누	네	노
ハ	ヒ	フ	ヘ	ホ	하	히	후	헤	호	하	히	후	헤	호
マ	ミ	ム	メ	モ	마	미	무	메	모	마	미	무	메	모
ラ	リ	ル	レ	ロ	라	리	루	레	로	라	리	루	레	로
ヤ		ユ		ヨ	야		유		요	야		유		요
ワ		ウ		ヲ	와		우		오	와		우		오
		ン										ㄴ		
ガ	ギ	グ	ゲ	ゴ	가	기	구	게	고	가	기	구	게	고
ザ	ジ	ズ	ゼ	ゾ	자	지	즈	제	조	자	지	즈	제	조
ダ	ヂ	ヅ	デ	ド	다	지	즈	데	도	다	지	즈	데	도
バ	ビ	ブ	ベ	ボ	바	비	부	베	보	바	비	부	베	보
パ	ピ	プ	ペ	ポ	파	피	푸	페	포	파	피	푸	페	포
キャ		キュ		キョ	갸		규		교	캬		큐		쿄
ギャ		ギュ		ギョ	갸		규		교	갸		규		교
シャ		シュ		ショ	샤		슈		쇼	샤		슈		쇼
ジャ		ジュ		ジョ	자		주		조	자		주		조
ニャ		ニュ		ニョ	냐		뉴		뇨	냐		뉴		뇨
ヒャ		ヒュ		ヒョ	햐		휴		효	햐		휴		효
ビャ		ビュ		ビョ	뱌		뷰		뵤	뱌		뷰		뵤
ピャ		ピュ		ピョ	퍄		퓨		표	퍄		퓨		표
ミャ		ミュ		ミョ	먀		뮤		묘	먀		뮤		묘
リャ		リュ		リョ	랴		류		료	랴		류		료

注意 「ン」はパッチムとして ㄴ(n)で表記します。

※ 以下の点について 注意 しましょう。

1. 「え」は、에 で表記します。애 で書かないので注意しましょう。☞ 에 (○)　애 (×)
   例 愛媛(えひめ) 에히메、上野(うえの) 우에노

2. 「す、つ、ず、づ」は、스, 쓰, 즈, 즈 で表記、母音は ㅜ ではなく ㅡ で表記します。
   ※「つ」を 쓰 と表記するのは「外来語表記法」(1986年に制定)による表記ですが、最近日本では、地名や駅名などの「つ」は 츠 と表記することもあります。

   例 鈴木(すずき) 스즈키、筑波(つくば)　쓰쿠바 ☞ 最近日本では 츠쿠바

3. 清音「か行」「た行」は、語頭では平音(ㄱ, ㄷ)で書き、語中では激音(ㅋ, ㅌ)で表記します。
   例 木村(きむら) 기무라、田中(たなか) 다나카

4. 濁音「が・だ・ば・ざ行」は語頭でも語中でも平音(ㄱ, ㄷ, ㅂ, ㅈなど)で表記します。
   例 岐阜(ぎふ) 기후、馬場(ばば) 바바

5. 長音は表記しません。
   例 京都(きょうと) 교토、大阪(おおさか) 오사카

6. 促音の「っ」は ㅅ で表記します。　☞ パッチムとして下に書きます。
   例 札幌(さっぽろ) 삿포로

7. 「ん」は ㄴ で表記します。☞ パッチムとして下に書きます。
   例 神田(かんだ) 간다

第6課　パッチム(終声)　35

※ 自分の名前や大学名などをハングルで書いてみましょう〜

(1) 大学名と自分の名前、住んでいる地域名、最寄り駅名などをハングルで書いてみましょう。

[大学名]　※ 韓国語では「〇〇大学校(대학교)」と言います。

　　　　例 ソウル大学校　　서울대학교

(日本語)	(ハングル)

[自分の名前]　※ 日本人の名前をハングルで書く場合は、姓の後に一文字分空けて書きます。

	姓	名
(ひらがな)		
(ハングル)		

	[住んでいる地域名]	[最寄り駅名]
(ひらがな)		
(ハングル)		

(2) 次の地名をハングルで書いてみましょう。

① 東京	とうきょう		⑪ 新宿	しんじゅく	
② 大阪	おおさか		⑫ 大久保	おおくぼ	
③ 名古屋	なごや		⑬ 渋谷	しぶや	
④ 北海道	ほっかいどう		⑭ 品川	しながわ	
⑤ 沖縄	おきなわ		⑮ 原宿	はらじゅく	
⑥ 群馬	ぐんま		⑯ 大崎	おおさき	
⑦ 埼玉	さいたま		⑰ 上野	うえの	
⑧ 神戸	こうべ		⑱ 田町	たまち	
⑨ 千葉	ちば		⑲ 銀座	ぎんざ	
⑩ 静岡	しずおか		⑳ 横浜	よこはま	

자유시간 自由時間 Free Time

第7課 発音変化のルール
（日本語母語者が韓国語を学ぶための要点）

1 連音化

(1) パッチム(子音語幹)の次に母音で始まる文字(「ㅇ」で始まる文字)が続くと、パッチムは母音字とくっついて発音する「連音化現象」が生じ、発音的にはパッチムがなくなります。

단어(単語)	발음(発音)	한국어(韓国語)	일본어(日本語)
[다너]	[바름]	[한구거]	[일보너]

※ ㅇ(ng)と ㅎ(h)パッチムは連音化しません。
　ㅇ(ng)パッチムの場合は「(3)」を参照、ㅎ(h)パッチムの場合は「ㅎの無音化」を参照しましょう。

(2) 激音や濃音のパッチムはそのまま連音化します。代表音(ㄱ, ㄷ, ㅂ)として発音しません。

앞에(前に)	밖에(外に)	꽃이(花が)	갔어요(行きました)
[아페]	[바께]	[꼬치]	[가써요]

(3) 「ㅇ」(ng)パッチムの次に母音で始まる文字が続くと連音化しません。
「ㅇ」(ng)パッチムをしっかり発音する(唇を開ける、鼻が響くように発音する)のがポイントです。

영어(英語)	생일(誕生日)	가방(カバン)	종이(紙)
[영어]	[생일]	[가방]	[종이]

(4) 二重パッチム(異なる2つの子音のパッチム)の次に母音で始まる文字が続くと、異なる2つの子音のうち、左側の子音字はパッチムとして残り、右側の子音字だけが連音されます。

앉아요(座ります)	읽어요(読みます)	젊은이(若者)	짧아요(短いです)
[안자요]	[일거요]	[절므니]	[짤바요]

練習1 [　]の中に発音通りのハングルを書いてみよう。

① 음악　　音楽　　　[　　　　　　　　　　　　　　　　　]

② 밥을　　ご飯を　　[　　　　　　　　　　　　　　　　　]

③ 먹어요　食べます　[　　　　　　　　　　　　　　　　　]

④ 고양이　猫　　　　[　　　　　　　　　　　　　　　　　]

⑤ 읽었어요　読みました　[　　　　　　　　　　　　　　　]

2 ㅎの無音化・弱音化

(1)「ㅎ」(h)パッチムの次に母音で始まる文字が続くと「ㅎ」パッチムは連音化せず脱落します(発音的にはパッチムがなくなります)。また、二重パッチムのうち右側に「ㅎ」パッチムがあり次に母音で始まる文字が続くと、「ㅎ」は脱落するので左側のパッチムが連音されます。

좋아요(良いです)	놓아요(置きます)	싫어요(嫌いです)	많아요(多いです)
[조아요]	[노아요]	[시러요]	[마나요]

(2) また、ㄴ, ㅁ, ㅇ, ㄹパッチムの次に「ㅎ」(h)から始まる文字が続くと、「ㅎ」(h)音は弱音化され(脱落する=「ㅇ」となるので)ㄴ, ㅁ, ㄹパッチムが連音化されます。ㅇパッチムは前述したように、連音化されません。

결혼(結婚)	만화(漫画)	삼호선(三号線)	안녕히(お元気で)
[겨론]	[마놔]	[사모선]	[안녕이]

練習2 [　]の中に発音通りのハングルを書いてみよう。

① 영화　映画　　[　　　　　　　　　　　　]
② 전화　電話　　[　　　　　　　　　　　　]
③ 번호　番号　　[　　　　　　　　　　　　]
④ 넣어요　入れます　[　　　　　　　　　　]
⑤ 많이　たくさん　[　　　　　　　　　　　]

3 濃音化

平音のㄱ(k), ㄷ(t), ㅂ(p)パッチムの後に、子音ㄱ(g), ㄷ(d), ㅂ(b), ㅅ(s), ㅈ(j)が続くと、この子音はそれぞれ濃音ㄲ(kk), ㄸ(tt), ㅃ(pp), ㅆ(ss), ㅉ(jj)として発音されます。

학교(学校)	약속(約束)	입시(入試)	숫자(数字)
[학꾜]	[약쏙]	[입씨]	[숟짜]

※ 숫자(数字)の숫の発音は、パッチムの代表音の[숟]と発音されます(「6課1」を参照)。

第7課　発音変化のルール

練習3 [　]の中に発音通りのハングルを書いてみよう。

① 축구　サッカー〔蹴球〕　　[　　　　　　　　　　　　　　　]
② 식당　食堂　　　　　　　　[　　　　　　　　　　　　　　　]
③ 옷장　たんす　　　　　　　[　　　　　　　　　　　　　　　]
④ 있다　ある・いる　　　　　[　　　　　　　　　　　　　　　]
⑤ 없다　ない・いない　　　　[　　　　　　　　　　　　　　　]

4 激音化

平音のㄱ(k), ㄷ(t), ㅂ(p), ㅈ(ch)パッチムの後に、「ㅎ」(h)で始まる文字が続くと、ㄱ(t), ㄷ(t), ㅂ(p), ㅈ(ch)パッチムが「ㅎ」(h)と合わさって激音化します。また、「ㅎ」(h)パッチムの次にㄱ(t), ㄷ(t), ㅂ(p), ㅈ(ch)から始まる文字が続いた場合も、「ㅎ」(h)パッチムがㄱ(t), ㄷ(t), ㅂ(p), ㅈ(ch)と合わさって激音化します。

입학(入学)	축하(祝賀)	좋다(良い)	많다(多い)
[이팍]	[추카]	[조타]	[만타]

練習4 [　]の中に発音通りのハングルを書いてみよう。

① 어떻게　どうやって　　　　　[　　　　　　　　　　　　　　]
② 부탁하다　お願いする　　　　[　　　　　　　　　　　　　　]
③ 백화점　デパート〔百貨店〕　[　　　　　　　　　　　　　　]
④ 급행　急行　　　　　　　　　[　　　　　　　　　　　　　　]
⑤ 못하다　できない　　　　　　[　　　　　　　　　　　　　　]

5 鼻音化

平音のㄱ(k), ㄷ(t), ㅂ(p)パッチムの後に、鼻音ㄴ(n), ㅁ(m)が続くと、それぞれのパッチムの発音は次に来る鼻音に影響され、ㄱ(k)パッチムはㅇ(ng)に、ㄷ(t)パッチムはㄴ(n)に、ㅂ(p)パッチムはㅁ(m)の鼻音に変わります。

작년(昨年)	십년(十年)	작문(作文)	옛날(昔)
[장년]	[심년]	[장문]	[옌날]

※ 옛날(昔)の옛の発音はパッチムの代表音の[옏]と発音される(「6課1」を参照)。

練習5 [　]の中に発音通りのハングルを書いてみよう。

① 입니다　〜です　[　　　　　　　　　　　　　　　　　]

② 한국말　韓国語　[　　　　　　　　　　　　　　　　　]

③ 학년　学年　[　　　　　　　　　　　　　　　　　]

④ 끝나다　終わる　[　　　　　　　　　　　　　　　　　]

⑤ 몇 마리　何匹　[　　　　　　　　　　　　　　　　　]

6 流音ㄹ(r)の鼻音化

平音のㄱ(k), ㄷ(t), ㅂ(p), ㅇ(ng), ㅁ(m)パッチムの後に、流音ㄹ(r)が続くと、流音ㄹ(r)は鼻音ㄴ(n)に変わります。ㄱ(k), ㄷ(t), ㅂ(p)パッチムもそれぞれㅇ(ng), ㄴ(n), ㅁ(m)の鼻音に変わります。

국립(国立)	압력(圧力)	동료(同僚)	법률(法律)
[궁닙]	[암녁]	[동뇨]	[범뉼]

練習6 [　]の中に発音通りのハングルを書いてみよう。

① 심리　心理　[　　　　　　　　　　　　　　　　　]

② 경력　経歴　[　　　　　　　　　　　　　　　　　]

③ 협력　協力　[　　　　　　　　　　　　　　　　　]

④ 음력　陰暦　[　　　　　　　　　　　　　　　　　]

⑤ 대통령　大統領　[　　　　　　　　　　　　　　　　　]

7 流音化

鼻音ㄴ(n)パッチムの後に流音ㄹ(r)が続く場合、鼻音ㄴ(n)パッチムは流音ㄹ(l)パッチムに変わります。また、流音ㄹ(l)パッチムの後に鼻音ㄴ(n)が続くと、鼻音ㄴ(n)は流音のㄹ(r)に変わります。

한류(韓流)	신라(新羅)	일년(一年)	실내(室内)
[할류]	[실라]	[일련]	[실래]

第7課　発音変化のルール

練習7 [　]の中に発音通りのハングルを書いてみよう。

① **설날**　お正月　[　　　　　　　　　　　　　　　　　　　　　]

② **연락**　連絡　[　　　　　　　　　　　　　　　　　　　　　]

③ **편리**　便利　[　　　　　　　　　　　　　　　　　　　　　]

④ **열 넷**　十四　[　　　　　　　　　　　　　　　　　　　　　]

⑤ **칠 년**　七年　[　　　　　　　　　　　　　　　　　　　　　]

8 口蓋音化

平音のㄷ(t)と激音のㅌ(t)パッチムの後に母音이が続くと、それぞれ平音のㄷ이は平音の지に、激音のㅌ이は激音の치に変わります。

굳이(あえて)	맏이(一番上の子)	같이(一緒に)	붙이다(付ける)
[구지]	[마지]	[가치]	[부치다]

[注意] 이以外の母音が続く場合は、口蓋音化は起こりません。
　　例 같아요(同じです)　[같아요]

練習8 [　]の中に発音通りのハングルを書いてみよう。

① **해돋이**　日の出　　[　　　　　　　　　　　　　　　　　　　]

② **끝이**　終わりが　[　　　　　　　　　　　　　　　　　　　]

9 ㄴ挿入

パッチムの次に母音 이, 야, 여, 요, 유, 예 が続くと、ㅇの代わりに ㄴ(n) を挿入して発音します。または、前の文字のパッチムに影響され流音化や鼻音化することもあります。

일본 요리 (日本料理) [일본뇨리]	
서울역　(ソウル駅) [서울녁→서울력]	ㄴ(n) 挿入後、前のパッチムㄹに影響され流音化される。
한국 영화 (韓国映画) [한국 + 녕와]→[한궁녕와]	ㄴ(n) 挿入により前の文字のパッチムㄱが鼻音化される。
십육일　(十六日) [십 + 뉵길]→[심뉵길]	ㄴ(n) 挿入により前の文字のパッチムㅂが鼻音化される。

42　文字編

練習9 [　　]の中に発音通りのハングルを書いてみよう。

① 한국 요리　韓国料理　[　　　　　　　　　　　　　　　　　　　]
② 무슨 요일　何曜日　[　　　　　　　　　　　　　　　　　　　]
③ 일본 영화　日本映画　[　　　　　　　　　　　　　　　　　　　]
④ 소독약　消毒薬　[　　　　　　　　　　　　　　　　　　　]
⑤ 식용유　食用油　[　　　　　　　　　　　　　　　　　　　]
⑥ 꽃잎　花びら　[　　　　　　　　　　　　　　　　　　　]
⑦ 알약　錠剤　[　　　　　　　　　　　　　　　　　　　]
⑧ 시청역　市庁駅　[　　　　　　　　　　　　　　　　　　　]

자유시간　自由時間 Free Time

文法と会話編

第8課　저는 한국 사람입니다.

学習内容 名詞文のかしこまった表現：「〜は〜です」

1. 名詞 ＋ 〜는/은： 助 〜は助詞 (以下 助)
2. 名詞 ＋ 〜입니까? / 입니다. 〜ですか / 〜です。(かしこまった表現)
3. 発音変化：連音化、鼻音化　※「発音変化のルール」参照

本文　자기 소개　自己紹介

안녕하십니까?

제 이름은 김민수 입니다.

저는 한국 사람입니다.

저는 대학생 입니다.

학교는 레이와 대학교입니다.

고향은 서울 입니다.

집은 시나가와 입니다.

취미는 유투브 보기 입니다.

만나서 반갑습니다.

잘 부탁합니다.

※ **語彙と表現** を参照して本文を訳してみましょう。
※ 本文を参照して自分のことについて発表してみましょう。☞ **練習4**

語彙と表現

안녕하십니까?	こんにちは。	학교	学校
(=안녕하세요?)		레이와대학교	令和大学(校)
＊「あいさつ表現」を参照		※韓国では〇〇大学校	
제	私の	집	家
이름	名前	시나가와	品川
-는/은	助 ～は	고향	故郷、出身
김민수	キム(姓)、ミンス(名)	서울	ソウル
-입니다.	(名詞＋)～です。	취미	趣味
저	私〔謙譲語〕	유투브 보기	YouTube見ること
한국 사람	韓国人	만나서	お会いできて
대학생	大学生	반갑습니다.	(お会いできて)うれしいです。
		잘	とても、よく、どうぞ宜しく、
		부탁합니다.	お願いします。

 知っ得？コーナー　　あいさつ表現

「アンニョンハセヨ」の意味と使い方

「アンニョンハセヨ?」は、直訳すると、「安寧でいらっしゃいますか」という意味ですが、朝昼晩関係なく、初めて会った時や久しぶりに会った時など、いろいろな場面や意味で使われることばです。

「アンニョンハセヨ」は、本来、疑問文であることに注意してください。疑問文なので話すときは文末語尾の抑揚を上げます。また、より丁寧に言うときは「アンニョンハシムニカ?」といいます。韓国語の終結語尾の「～ヨ」や「～ニダ」は、「～です/ます」の意味です。疑問文(～ですか/ますか)にするときは、「～ヨ?」や「～ニカ?」になります。「ハセヨ?」より丁寧な言い回しは、「ハシムニカ?」となります。

韓国語は、「丁寧(丁重)な表現」として、「打ち解けた表現」と「改まった表現」の二つの言い回しがあります。文末語尾が「～ヨ(?)」は打ち解けた表現で、「～ニダ」「～ニカ?」は改まった表現で、「アンニョンハセヨ?」より丁寧(丁重)に言うときは「アンニョンハシムニカ?」と言います。

第8課　저는 한국 사람입니다.

文法

1. 名詞 + ~는/은 : ~は

| パッチムがない名詞 (母音語幹) + 는　例 저는　私は |
| パッチムがある名詞 (子音語幹) + 은　例 이름은　名前は |

※ 이름은 [이르믄] と発音(連音化)します。

2. 名詞 + ~입니까? / 입니다.　~ですか/~です。

| 疑問文　名詞 + 입니까?　A: 학생입니까?　学生ですか。 |
| 平叙文　名詞 + 입니다.　B: 네, 학생입니다.　はい、学生です。 |

※ 입니까? [임니까]、입니다[임니다] と発音(鼻音化)します。

練習1　例のように、正しいものに○をつけましょう。

例 私は 저 (는 / 은)　　　(3) 家は 집 (는 / 은)
(1) ここは 여기 (는 / 은)　(4) 故郷は 고향 (는 / 은)
(2) これは 이것 (는 / 은)　(5) 趣味は 취미 (는 / 은)

練習2　例のように、二つの単語を使って文を作りましょう。

例 저 / 학생　　私は学生です。　저는 학생입니다.

[注意] 韓国語では分かち書きをしますが、助詞や語尾は前の名詞に続けて書きます。

(1) 여기 / 교실　　ここは教室です。　_____

(2) 이것 / 교과서　これは教科書です。_____

(3) 집 / 신주쿠　　家は新宿です。　　_____

(4) 고향 / 지바　　故郷は千葉です。　_____

(5) 취미 / 운동　　趣味は運動です。　_____

練習3 例のように、二つの単語を使って文を作りましょう。

例 이름 / 무엇　　名前は何ですか。 이름은 무엇입니까?

注意　韓国語では分かち書きをしますが、助詞や語尾は前の名詞に続けて書きます。

(1) 여기 / 어디　ここはどこですか。　＿＿＿＿＿＿＿＿＿＿＿＿＿＿＿＿＿

(2) 이것 / 무엇　これは何ですか。　＿＿＿＿＿＿＿＿＿＿＿＿＿＿＿＿＿

(3) 집 / 어디　　家はどこですか。　＿＿＿＿＿＿＿＿＿＿＿＿＿＿＿＿＿

(4) 고향 / 어디　故郷はどこですか。　＿＿＿＿＿＿＿＿＿＿＿＿＿＿＿＿＿

(5) 취미 / 무엇　趣味は何ですか。　＿＿＿＿＿＿＿＿＿＿＿＿＿＿＿＿＿

練習4 韓国語で自己紹介文を作って発表しましょう。（文末は、かしこまった表現にする。）

※「分かち書き」(助詞のあと一文字分空ける)して書きましょう。

(1) こんにちは。　＿＿＿＿＿＿＿＿＿＿＿＿＿＿＿＿＿

(2) 私の名前は〇〇です。　＿＿＿＿＿＿＿＿＿＿＿＿＿＿＿＿＿

(3) 私は〇〇人です。　＿＿＿＿＿＿＿＿＿＿＿＿＿＿＿＿＿

(4) 私は大学生です。　＿＿＿＿＿＿＿＿＿＿＿＿＿＿＿＿＿

(5) 学校は〇〇大学（校）です。　＿＿＿＿＿＿＿＿＿＿＿＿＿＿＿＿＿

(6) 故郷は〇〇です。　＿＿＿＿＿＿＿＿＿＿＿＿＿＿＿＿＿

(7) 家は〇〇です。　＿＿＿＿＿＿＿＿＿＿＿＿＿＿＿＿＿

(8) 趣味は〇〇です。　＿＿＿＿＿＿＿＿＿＿＿＿＿＿＿＿＿

(9) お会いできてうれしいです。　＿＿＿＿＿＿＿＿＿＿＿＿＿＿＿＿＿

(10) どうぞよろしくお願いいたします。　＿＿＿＿＿＿＿＿＿＿＿＿＿＿＿＿＿

第8課　저는 한국 사람입니다.

第9課　오늘 수업이 있습니까?

学習内容　存在詞：「あります / ありません」(かしこまった表現)

1. 名詞 ＋ 〜가 / 이：(助) 〜が
2. 名詞 ＋ 〜도：〜も
3. 存在詞：있다/없다　ある・いる / ない・いない

本文

(1) A：오늘 수업이 있습니까?
　　B：네, 한국어 수업이 있습니다.

(2) A：내일 약속이 있습니까?
　　B：아뇨, 내일은 약속이 없습니다.

(3) A：형제가 있습니까?
　　B：네, 오빠 가 있습니다.
　　　 여동생 도 있습니다.

(4) A： 남자 친구가 있습니까?
　　B：아뇨, 남자 친구는 없습니다.

(5) A：책상 위에 뭐가 있습니까?
　　B： 한국어 교과서 가 있습니다.

※ **語彙と表現** を参照して本文を訳してみましょう。
※ ▓▓▓▓ 部分を置き換えて、ペアで会話練習をしてみましょう。

語彙と表現

오늘	今日	없습니다.	ありません / いません。
수업	授業	형제	兄弟
-가/이	助 〜が	오빠	兄(妹から)
있습니까?	ありますか / いますか。	여동생	妹
네	はい	-도	助 〜も
한국어	韓国語	남자 친구	彼氏
있습니다.	あります / います。	*친구 友だち	*여자 친구 彼女
내일	明日[来日]	책상 위에	机の上に
약속	約束	뭐	何
아뇨	いいえ	교과서	教科書

文 法

1. 名詞 + 〜가/이：〜が

| パッチムがない名詞 (母音語幹) + 가 | 例 취미가 趣味が |
| パッチムがある名詞 (子音語幹) + 이 | 例 수업이 授業が |

※ 수업이[수어비] と発音(連音化)します。

2. 名詞 + 〜도　〜も　※ パッチムの有無に関係なく使える助詞

例 저는 대학생입니다. 오빠도 대학생입니다.　私は大学生です。兄も大学生です。

3. 存在詞：있다 / 없다　ある・いる / ない・いない

基本形	있 (語幹) + 다 (語尾)	없 (語幹) + 다 (語尾)
平叙文	있 + 습니다 あります / います。	없 + 습니다 ありません / いません。
疑問形	있 + 습니까? ありますか / いますか。	없 + 습니까? ありませんか / いませんか。

第9課　오늘 수업이 있습니까?

練習1 例のように、正しいものに〇をつけましょう。

例 友だちが 친구 (가 / 이)　　(3) 約束が 약속 (가 / 이)
(1) ノートが 노트 (가 / 이)　　(4) 試験が 시험 (가 / 이)
(2) 学生が 학생 (가 / 이)　　(5) 時計が 시계 (가 / 이)

練習2 例のように、二つの単語を使って文を作りましょう。

例 시간 / 있다　　時間があります。 시간이 있습니다.

(1) 돈 / 없다　　お金がありません。　　_____

(2) 형제 / 있다　　兄弟がいますか。　　_____

(3) 뭐 / 있다　　何がありますか。　　_____

(4) 충전기 / 없다　　充電器がありません。　　_____

(5) 선생님 / 있다　　先生がいますか。　　_____

練習3 例のように、( )の中に助詞を書き入れ、「はい」か「いいえ」の文を書いてみましょう。

例 노트북(가 / 이) 있습니까?　　ノートパソコンがありますか。

　　네, 노트북이 있습니다.　　　/　　아뇨, 노트북이 없습니다.

(1) 아이패드(가 / 이) 있습니까?　　アイパッドがありますか。

_____ / _____

(2) 한국어 교과서(가 / 이) 있습니까?　　韓国語の教科書がありますか。

_____ / _____

(3) 샤프펜 (가 / 이) 있습니까?　　シャーペンがありますか。

_____ / _____

(4) 남동생 (가 / 이) 있습니까?　　弟がいますか。

_____ / _____

(5) 한국인 친구 (가 / 이) 있습니까?　　韓国人の友だちがいますか。

_____ / _____

練習4 ( )の中に正しい助詞を書き入れて読んでみましょう。

例 노트북(이) 있습니다. 아이패드 (도) 있습니다.

訳 ノートパソコンがあります。アイパッドもあります。

(1) 샤프펜 (   ) 있습니다. 볼펜 (   ) 있습니다.

シャーペンがあります。ボールペンもあります。

(2) 남동생 (   ) 있습니다. 여동생 (   ) 있습니다.

弟がいます。妹もいます。

(3) 언니 (   ) 없습니다. 오빠(   ) 없습니다.

姉(妹から)がいません。兄(妹から)もいません。

(4) 시간 (   ) 돈(   ) 없습니다.

時間もお金もありません。

(5) 형 (   ) 누나(   ) 없습니다.

兄も姉もいません。

練習5 質問に韓国語で答え、質問文と答えを日本語に訳してみましょう。

(1) 형제가 있습니까?　　→

訳 _____

(2) 시계가 있습니까?　　→

訳 _____

(3) 노트북이 있습니까?　　→

訳 _____

(4) 한국어 교과서가 있습니까?　　→

訳 _____

(5) 한국인 친구가 있습니까?　　→

訳 _____

第10課　한국어를 공부합니다.

学習内容 用言(動詞・形容詞)の「〜です/ます」(かしこまった表現)

1. 名詞 ＋ 〜에：助 〜に (場所・時間)
2. 名詞 ＋ 〜에서：助 〜で (場所)
3. 名詞 ＋ 〜를/을：助 〜を
4. 用言(語幹)＋ 〜습니다/ㅂ니다：〜です/ます(かしこまった表現)

本文

민수　　： **히로미** 씨, **내일** 학교에 갑니까?

히로미 ： 네, 수업이 있습니다.

민수　　： 무슨 수업이 있습니까?

히로미 ： **한국어** 수업이 있습니다.

　　　　　민수 씨도 **내일** 학교에 갑니까?

민수　　： 네, 저도 **일본어** 수업이 있습니다.

　　　　　히로미 씨는 보통 어디에서 공부를 합니까?

히로미 ： 저는 보통 **학교 도서관** 에서 공부를 합니다.

　　　　　민수 씨는 주로 어디에서 공부합니까?

민수　　： 저는 주로 **카페** 에서 공부를 합니다.

※ **語彙と表現** を参照して本文を訳してみましょう。

※ ▢▢▢ 部分を置き換えて、ペアで会話練習をしてみましょう。

語彙と表現

히로미　弘美(ひろみ)	민수　ミンス
씨　さん	-도　**助**　～も
내일　明日	저　私〔謙譲語〕
학교　学校	일본어　日本語
-에　**助**　(場所・時間)～に	-는/은　**助**　～は
갑니까?　行きますか。	보통　普通、普段
＊가다　行く	어디　どこ
네　はい	-에서　**助**　(場所)～で
수업　授業	공부　勉強
-가/이　**助**　～が	-를/을　**助**　～を
있습니다．あります/います。	합니까?　しますか。
무슨　何の	＊하다　する
있습니까?　ありますか/いますか。	도서관　図書館
＊있다　ある/いる	주로　主に、主として
한국어　韓国語	카페　カフェ

文 法

1. 名詞 ＋ ～에：～に(場所・時間)　※パッチムの有無関係なく使える助詞

例 학교에　学校に　　　　　　　도서관에　図書館に

2. 名詞 ＋ ～에서：～で(場所)　※パッチムの有無に関係なく使える助詞

例 집에서　家で　　　　　　　　교실에서　教室で

3. 名詞 ＋ ～를/을：～を

| パッチムがない名詞 (母音語幹) ＋ 를 | **例** 우유**를**　牛乳を |
| パッチムがない名詞 (子音語幹) ＋ 을 | **例** 밥**을**　ご飯を |

第10課　한국어를 공부합니다．　55

4. 用言(語幹) + 습니다/ㅂ니다　～です/ます(かしこまった表現)

(1) 語幹末にパッチムがある(子音語幹)場合

먹다　食べる	먹 + 습니다	→	먹습니다　食べます。
(疑問形)	먹 + 습니까?	→	먹습니까?　食べますか。

(2) 語幹末にパッチムがない(母音語幹)場合

마시다　飲む	마시 + ㅂ니다	→	마십니다　飲みます。
(疑問形)	마십 + 니까?	→	마십니까?　飲みますか。

練習1　例のように、正しいものに〇をつけましょう。

例 キムチを 김치 (**를** / 을)　　(3) 本を 책 (를 / 을)
(1) 水を 물 (를 / 을)　　(4) 宿題を 숙제 (를 / 을)
(2) パンを 빵 (를 / 을)　　(5) 韓国語を 한국어 (를 / 을)

練習2　例のように、二つの単語を使って文を作りましょう。

例 밥 / 먹다　　　ご飯を食べます。 밥을 먹습니다.

(1) 물 / 마시다　　水を飲みます。 _____

(2) 빵 / 사다　　　パンを買います。 _____

(3) 책 / 읽다　　　本を読みます。 _____

(4) 무엇 / 하다　　何をしますか。 _____

(5) 한국어 / 배우다　韓国語を習います。 _____

練習3 例のように、正しいものに○をつけましょう。

例 どこに 어디 (에 / 에서)　　(3) 教室で 교실 (에 / 에서)
(1) ここで 여기 (에 / 에서)　　(4) 家に 집 (에 / 에서)
(2) 椅子に 의자 (에 / 에서)　　(5) 学校で 학교 (에 / 에서)

練習4 例のように、二つの単語を使って文を作りましょう。

例 식당 / 먹다　　食堂で食べます。　식당에서 먹습니다.

(1) 어디 / 가다　　どこに行きますか。 _____

(2) 의자 / 앉다　　椅子に座ります。 _____

(3) 역 / 기다리다　駅で待ちます。 _____

(4) 학교 / 오다　　学校に来ます。 _____

(5) 교실 / 공부하다　教室で勉強します。 _____

練習5 質問に韓国語で答え、質問文と答えを日本語に訳してみましょう。

(1) 내일 어디에 갑니까?　　→

訳 _____

(2) 학교에서 무엇을 합니까?　→

訳 _____

(3) 어디에서 공부를 합니까?　→

訳 _____

(4) 누구를 기다립니까?　　→

訳 _____

(5) 지금 무엇을 봅니까?　　→

訳 _____

第11課　얼마입니까?

学習内容　漢字語数詞の使い方

1. 数字①：漢字語数詞
2. 漢字語数詞につける単位名詞
3. 指示(代名)詞：이 / 그 / 저 / 어느：この / その / あの / どの
4. 名詞 ＋ 〜하고：助 〜と

本 文

(お店で服を買う)

손님 : 이 **바지**, 얼마입니까?

점원 : 그 **바지**는 **6,400엔** 입니다.

손님 : 그럼, 이 **치마**는 얼마입니까?

점원 : 그 치마는 **7,500엔** 입니다.

(試着してみて)

점원 : **바지** 하고 **치마** 사이즈는 맞습니까?

손님 : 네, 맞습니다. 이 **바지** 하고 **치마** 주세요.
　　　모두 얼마입니까?

점원 : 모두 **13,900엔** 입니다.

(財布からお金を払いながら)

손님 : **20,000엔** 여기 있습니다.

점원 : 거스름돈 여기 있습니다. 감사합니다. 안녕히 가세요.

손님 : 네, 안녕히 계세요.

※ 語彙と表現 > を参照して本文を訳してみましょう。
※ ▭部分を置き換えて、ペアで会話練習をしてみましょう。

語彙と表現 >

손님	お客さん、お客様
점원	店員
이	この
바지	ズボン
얼마	いくら
~입니까?	~ですか。
그	その
~는/은 助	~は
6,400엔	6,400円
~입니다.	~です。
그럼	では
치마	スカート
7,500엔	7,500円
~하고 助	~と
사이즈	サイズ
맞습니까?	合いますか。
*맞다	合う
네	はい
맞습니다.	合います。
주세요.	ください。
모두	全部(で)
13,900엔	13,900円
20,000엔	20,000円
여기 있습니다.	どうぞ。(前の方に差し出すとき)
*여기	ここ
*있습니다.	あります。
거스름돈	おつり
감사합니다.	ありがとうございます。
안녕히 가세요.	さようなら。(その場を去る人に)
안녕히 계세요.	さようなら。(その場に留まる人に)

※ 試着するもの　本文の単語を入れ替えて練習しましょう！

옷	服
바지	ズボン
치마	スカート
청바지	ジーンズ
쟈켓	ジャケット
티셔츠	Tシャツ
패딩	ダウンジャケット
점퍼	ジャンバー
추리닝	ジャージ
후드티	パーカー
신발	履き物
구두	靴
운동화	運動靴
부츠	ブーツ
샌들	サンダル

文法

1. 数字①：漢字語数詞

1	2	3	4	5	6	7	8	9
일	이	삼	사	오	육	칠	팔	구

10	20	30	40	50	60	70	80	90
십	이십	삼십	사십	오십	육십	칠십	팔십	구십

百	千	万	十万	百万	千万	億	兆	0
백	천	만	십만	백만	천만	억	조	영/공

※ 電話番号の「0」(ゼロ)は、韓国語では 영〔零〕ではなく 공〔空〕を使います。
　ハイフンの「の」の 의 は[에]と発音します。韓国の携帯番号は010から始まります。
　例 010－3241－6758　공일공[에] 삼이사일[에] 육칠오팔

2. 漢字語数詞につける単位名詞

년	월	일	엔	원	학년	번	층	분
年	月	日	円	ウォン	年生(学年)	番(番号)	階	分

※ 数字をアラビア数字で書く場合は、単位名詞を続けて書きます。
　例 500円　500엔 → 오백 엔

[注意]「一万円」は 일만 원(×)と言わず、만 원(○)と言います。

[注意] 6月と10月は、육 월(×)십 월(×)と言わず、유 월(○)시 월(○)と言います。

3. 指示(代)名詞　(日本語の「こ・そ・あ・ど」)

この	이		これ	이것	이거		これは	이것은	이건
その	그		それ	그것	그거		それは	그것은	그건
あの	저		あれ	저것	저거		あれは	저것은	저건
どの	어느		どれ	어느 것	어느 거				

※ 話し言葉では、것(モノ)のパッチム「ㅅ」を省略して 縮約形 を使います。
　指示詞の 이/그/저/어느 の次は、一文字分空けてから名詞を書きます。
　例 이 사람은 누구입니까? この人は誰ですか。

4. 名詞 + ～하고：～と　(名詞のパッチムの有無に関係なく使います)
　例 빵하고 우유 パンと牛乳　　가방하고 지갑 カバンと財布

練習1 次の数字を、例のように、ハングルで書いて言ってみましょう。

例 258　이백오십팔　　　　　　　　(3) 694　_____

(1) 37　_____　　　　　(4) 3870　_____

(2) 51　_____　　　　　(5) 12000　_____

練習2 次の数字と単位名詞をハングルで書いて言ってみましょう。
　　　　※単位名詞の前は空けて書きましょう。

(1) 2023年　_____

(2) 7月28日　_____

(3) 1年生　_____

(4) 6階　_____

(5) 1,500円　_____

(6) 27,000ウォン　_____

練習3 次の質問に韓国語で答えを書いて言ってみましょう。

(1) 생일은 언제입니까?　_____

(2) 오늘은 몇 월 며칠입니까?　_____

(3) 전화번호는 몇 번입니까?　_____

(4) 교과서는 얼마입니까?　_____

(5) 몇 학년입니까?　_____

(6) 교실은 몇 층입니까?　_____

単語

생일　誕生日	교실　教室	며칠　何日
오늘　今日	몇 학년　何年生(何学年)	몇 번　何番
전화번호　電話番号	언제　いつ	몇 층　何階
교과서　教科書	몇 월　何月	얼마　いくら

第11課　얼마입니까?　　61

第12課　몇 시에 일어납니까?

学習内容 　固有語数詞の使い方

1. 名詞②：固有語数詞
2. 固有語数詞につける単位名詞
3. 曜日
4. 疑問詞：몇(何、いくつ)

本文

민수 　：히로미 씨는 보통 몇 시에 일어납니까?

히로미 : 저는 목요일은 여섯 시에 일어납니다.

　　　　일 교시부터 수업이 있습니다.

　　　　민수 씨는 보통 몇 시에 일어납니까?

민수 　：저는 보통 일곱 시에 일어납니다.

히로미 : 민수 씨는 몇 시에 잡니까?

민수 　：저는 보통 열두 시에 잡니다.

　　　　히로미 씨는 몇 시에 잡니까?

히로미 : 저는 보통 열한 시에 잡니다. 일곱 시간 잡니다. ^0^

민수 　：저도 일곱 시간 잡니다. ^0^

※ **語彙と表現** を参照して本文を訳してみましょう。

※ 　　　　部分を置き換えて、ペアで会話練習をしてみましょう。

語彙と表現

히로미	弘美(ひろみ)
씨	さん
–는/은 助	～は
보통	普通、普段
몇 시	何時
–에 助	～に (時間・場所)
일어납니까?	起きますか。
＊일어나다	起きる
저	私〔謙譲語〕
목요일	木曜日
여섯 시	6時
일어납니다.	起きます。
일 교시	一時限〔校時〕
–부터 助	～から
수업	授業
–가/이 助	～が
있습니다.	あります/います
민수	ミンス
일곱 시	7時
잡니까?	寝ますか。
＊자다	寝る
열두 시	12時
잡니다.	寝ます。
열한 시	11時
–도 助	～も
일곱 시간	7時間

疑問詞のまとめ

いつ	どこ	誰	何	なぜ	どのように、どうやって	いくら
언제	어디	누구	무엇/뭐	왜	어떻게	얼마
どの	どこで	誰が	いくつ	何の	どんな	どのくらい
어느	어디서	누가	몇	무슨	어떤	얼마나

※「誰が」は、누구+가 → 누구가 とは言わず、구 が省略され 누가 と言います。

※「どこで」は、話し言葉では、어디+에서 → 어디에서 の 에 が省略され 어디서 と使うことが多いです。

※ 무엇(何)は、話し言葉では縮約形の 뭐 と言うので、「何が」は 뭐가、と言います。
「何を」は 무엇을 → 뭘、「何ですか」は 무엇입니까? → 뭡니까? と言います。

第12課 몇 시에 일어납니까?

文法

1. 数字②：固有語数詞

1	2	3	4	5	6	7	8	9	11
ひとつ	ふたつ	みっつ	よっつ	いつつ	むっつ	ななつ	やっつ	ここのつ	とお
하나	둘	셋	넷	다섯	여섯	일곱	여덟	아홉	열
(한)	(두)	(세)	(네)						

11	12	13	14	15	16	17	18	19	20
ひとつ	ふたつ	みっつ	よっつ	いつつ	むっつ	ななつ	やっつ	ここのつ	とお
열하나	열둘	열셋	열넷	열다섯	열여섯	열일곱	열여덟	열아홉	스물
(열한)	(열두)	(열세)	(열네)						(스무)

※ 単位名詞をつける場合は、1〜4と20は(　　)の縮約形(連体形)を使います。

例 1時 → 한 시 / 12時 → 열두 시 / 20歳 → 스무 살

2. 固有語数詞につける単位名詞

시	살	개	잔	장	대	병	명(사람)	인분	마리
時	歳	個	杯	枚	台	本〔瓶〕	名(人)	人前〔人分〕	匹・頭・羽

※ ほかに、本・ノートなど「冊」は 권 と言います。

※ 時刻は、「時」は「固有語数詞」を、「分」は漢字語数詞を使います。混同しないように注意しましょう！

例 1時　한 시　　10時10分　열 시 십 분

3. 曜日(요일)

일요일	월요일	화요일	수요일	목요일	금요일	토요일
日曜日	月曜日	火曜日	水曜日	木曜日	金曜日	土曜日

4. 疑問詞：몇(何、いくつ)

　日本語では、「これは何(なん)ですか」、「今何(なん)時ですか」、「何(なん)歳ですか」など、「何(なん)」という疑問詞が使われますが、韓国語では、数字で答える場合の疑問詞は、「몇(ミョッ)」を使います。

例　何ですか。　무엇 입니까?　　　　何時ですか。　몇 시입니까?
　　何歳ですか。　몇 살입니까?　　　何分ですか。　몇 분입니까?

練習1 時刻をハングルで書いてみましょう。※単位名詞の前は一文字分空けて書きましょう。

1時間	한 시간	1時	한 시	1分	일 분
2時間		2時		2分	
3時間		3時		3分	
4時間		4時		4分	
5時間		5時		5分	
6時間		6時		6分	
7時間		7時		7分	
8時間		8時		8分	
9時間		9時		9分	
10時間		10時		10分	
11時間		11時		30分	
12時間		12時		60分	

練習2 例のように、時刻をハングルで書いて言ってみましょう。

※「半」は 반 、「午前」は 오전 、「午後」は 오후、「夜」は 저녁、「晩」は 밤
※ 韓国では夜8時以降は 밤 、夜中12時から朝までの午前中は 새벽 を使います。

例 1時10分　한 시 십 분　　　　　※ 単位名詞の前後は空けて書きましょう。

(1) 2時20分 _____

(2) 4時40分 _____

(3) 8時25分 _____

(4) 10時10分 _____

(5) 11時30分 _____

(6) 12時半 _____

(7) 午後3時45分 _____

(8) 午後6時 _____

(9) 夜7時50分 _____

(10) 夜9時55分 _____

第12課　몇 시에 일어납니까?

練習3 次の質問に韓国語で答えを書いてみましょう。　※自分のことを書いてみましょう。

(1) 몇 시에 일어납니까?　_____

(2) 몇 시에 점심을 먹습니까?　_____

(3) 몇 시에 수업이 끝납니까?　_____

(4) 몇 시간 공부합니까?　_____

(5) 몇 시에 집에 갑니까?　_____

(6) 몇 시간 잡니까?　_____

単語

일어나다　起きる　　　　　　　　공부하다　勉強する
점심을 먹다　昼食を食べる　　　　집에 가다　家に帰る
수업이 끝나다　授業が終わる　　　자다　寝る

練習4 次の質問に韓国語で答えを書いて言ってみましょう。

시	살	개	잔	장	대	병	명(사람)	인분	마리
時	歳	個	杯	枚	台	本〔瓶〕	名(人)	人前〔人分〕	匹・頭・羽

(1) 지금 몇 시입니까?　_____

(2) 몇 살입니까?　_____

(3) 교실에 학생이 몇 명 있습니까?　_____

(4) 남자가 몇 명 있습니까?　_____

(5) 여자가 몇 명 있습니까?　_____

(6) 집에 개가 몇 마리 있습니까? _____

(7) 집에 고양이가 몇 마리 있습니까? _____

Point

※ 犬(개)や猫(고양이)がいない場合は 없습니다(いません)と言えばいいです。

자유시간 自由時間 Free Time

第13課　나의 하루

学習内容　作文　私の一日

1. 名詞(時間) + ～부터 ～까지：～から ～まで　※「時間的な起点と終点」
2. 名詞(場所) + ～에서 ～까지：～から ～まで　※「空間的な起点と終点」
3. 日課の表現

本文

목요일은 아침 일곱 시에 일어납니다.

일곱 시 반에 아침밥을 먹습니다.

여덟 시에 학교에 갑니다.

집에서 학교까지 한 시간 걸립니다.

수업은 아홉 시에 시작합니다.

열두 시 십 분에 끝납니다.

점심은 친구하고 학교 식당에서 먹습니다.

오후에는 수업이 없습니다.

한 시부터 네 시까지 도서관에서 공부합니다.

다섯 시부터 아홉 시까지 아르바이트를 합니다.

밤 열 시에 집에 도착합니다.

열두 시에 잡니다. 목요일은 아주 많이 피곤합니다! ㅠㅠ

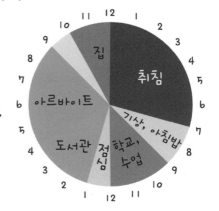

※　**語彙と表現**　を参照して本文を訳してみましょう。
※　　　　　部分を入れ替えて、自分の「一日」について作文してみましょう。

語彙と表現

목요일	木曜日
–는/은 ㉿	～は
아침	朝
일곱 시	7時
–에 ㉿	(時間・場所)～に
일어납니다.	起きます。
*일어나다	起きる
반	半
아침밥	朝ご飯
–를/을 ㉿	～を
먹습니다.	食べます。
*먹다	食べる
여덟 시	8時
학교	学校
갑니다	行きます。
*가다	行く
집	家
–에서 –까지 ㉿	(場所)～から～まで
한 시간	1時間
걸립니다.	かかります。
*걸리다	かかる
수업	授業
아홉 시	9時
시작합니다.	始まります。
*시작하다	始まる
열두 시	12時
십 분	10分
끝납니다	終わります。
*끝나다	終わる

점심	お昼
친구	友だち
–하고 ㉿	～と
학교 식당	学校の食堂
–에서 ㉿	(場所)～で
먹습니다.	食べます。
*먹다	食べる
오후	午後
–에는 ㉿	～には
–가/이 ㉿	～が
없습니다.	ありません/いません。
*없다	ない/いない
한 시	1時
–부터 –까지 ㉿	(時間)～から～まで
네 시	4時
도서관	図書館
–에서 ㉿	(場所)～で
다섯 시	5時
아르바이트	アルバイト
합니다	します。
*하다	する
밤	晩
열 시	10時
집	家
도착합니다.	到着します。
*도착하다	到着する
아주	とても
많이	たくさん
피곤합니다.	疲れます。
*피곤하다	疲れる

第13課 나의 하루

文法

1. 名詞(時間など時制単語) ＋ ～부터 ～까지：～から ～まで　※「時間的な起点」

例　한 시부터 두 시까지　1時から2時まで
　　오늘부터 내일까지　今日から明日まで

2. 名詞(場所) ＋ ～에서 ～까지：～から ～まで　※「空間的な起点」

例　학교에서　집까지　学校から家まで

3. 日課の表現

일어나다	起きる
세수하다	洗顔する
이를 닦다	歯を磨く
아침(밥)을 먹다	朝ご飯を食べる
옷을 입다	服を着る
집을 나오다/학교에 가다	家を出る/学校に行く
수업이 있다/없다	授業がある/ない
～를/을 공부하다	～を勉強する
점심(밥)을 먹다	昼食を食べる
아르바이트하다	アルバイトする
친구를 만나다	友だちに会う
쇼핑하다	ショッピングする
집에 돌아오다	家に帰って来る
저녁(밥)을 먹다	夕飯を食べる
숙제/과제를 하다	宿題/課題をする
텔레비전을/유튜브를 보다	テレビを/YouTubeを見る
음악을 듣다	音楽を聞く
샤워하다/목욕하다	シャワーする/お風呂に入る
자다	寝る

作文練習 > 自分の日課について韓国語で作ってみましょう。

(1) _____
(2) _____
(3) _____
(4) _____
(5) _____
(6) _____
(7) _____
(8) _____
(9) _____
(10) _____

日本語訳 >

(1) _____
(2) _____
(3) _____
(4) _____
(5) _____
(6) _____
(7) _____
(8) _____
(9) _____
(10) _____

第14課　제 남자 친구가 아니에요.

学習内容 > 名詞文の否定形と「うちとけた表現」

1. 名詞 ＋ 〜이에요(?) / 예요(?)「〜です(か)」(うちとけた表現)
2. 名詞文の否定形：〜ではありません。
   (1) 名詞 ＋ 〜가/이 아닙니다 (かしこまった表現)
   (2) 名詞 ＋ 〜가/이 아니에요 (うちとけた表現)

本 文

かしこまった表現　(携帯電話の写真を見て)

민수　　：이 사람은 히로미 씨 남자 친구 입니까?

히로미　：제 남자 친구 가 아닙니다.

　　　　　제가 좋아하는 "엔하이픈의 정원" 입니다.

　　　　　민수 씨도 좋아하는 K-POP아이돌 가수 가 있습니까?

민수　　：제가 좋아하는 가수 는 "블랙핑크의 지수" 입니다.

히로미　：아, 네, 저도 "블팩핑크" 좋아합니다!

うちとけた表現　(携帯電話の写真を見て)

민수　　：이 사람은 히로미 씨 남자 친구 예요?

히로미　：제 남자 친구 가 아니에요.

　　　　　제가 좋아하는 "엔하이픈의 정원" 이에요.

　　　　　민수 씨도 좋아하는 K-POP아이돌 가수 가 있어요?

민수　　：제가 좋아하는 가수 는 "블랙핑크의 지수" 예요.

히로미　：아, 네, 저도 "블팩핑크" 좋아해요!

※ 　語彙と表現　を参照して本文を訳してみましょう。
※ 　　　　部分を置き換えて、ペアで会話練習をしてみましょう。

語彙と表現

이　この	민수　ミンス
사람　人	-도　助　〜も
-는/은　助　〜は	K-POP 아이돌　K-POP アイドル
히로미　弘美(ひろみ)	가수　歌手
씨　さん	-가/이　助　〜が
남자 친구　彼氏	있습니까?　いますか / ありますか。
＊여자 친구　彼女	블랙핑크　BLACKPINK
-입니까?　〜ですか。	지수　ジス
제　私の	아, 네.　あ、はい。
-가/이 아닙니다.　〜ではありません。	저　私〔謙譲語〕
제가　私が	좋아합니다.　好きです。
좋아하는　好きな	＊좋아하다　好きだ
엔하이픈　ENHYPEN(エンハイフン)	~이에요? / 예요?　〜ですか。
-의[에]　助　〜の	-가/이 아니에요.　〜ではありません。
정원　ジョンウォン	있어요?　いますか / ありますか。
-입니다.　〜です。	좋아해요.　好きです。

메모 memo

☕ 좋아하는 사람(K-POP아이돌, 가수, 배우) 이름을 써 보세요~
　好きな人(K-POPアイドル、歌手、俳優)の名前を書いてみましょう。

....

....

....

第14課　제 남자 친구가 아니에요.

 文法

1. 名詞 + ~이에요(?) / 예요(?) 「~です(か)」(うちとけた表現)

パッチムがない名詞 + 예요(?)
パッチムがある名詞 + 이에요(?)

例1　이 사람은 누구예요?　　　この人は誰ですか。

　　　제 친구예요.　　　　　　私の友だちです。

例2　선생님은 한국 사람이에요?　先生は韓国人ですか。

　　　네, 선생님은 한국 사람이에요.　はい、先生は韓国人です。

例3　대학생이에요?　　　　　大学生ですか。

　　　네, 저는 대학생이에요.　　はい、私は大学生です。

 2. 名詞文の否定形：~ではありません。

パッチムがない名詞 + ~가　아닙니다
パッチムがある名詞 + ~이　아닙니다

※ ~가/이 の後はスペースを空けてから 아닙니다 / 아니에요 を書きます。

(1) 名詞 + ~가/이 아닙니다 (かしこまった表現)

　例　이 사람은 제 친구가 아닙니다.　この人は私の友だちではありません。

　　　선생님은 일본 사람이 아닙니다.　先生は日本人ではありません。

　　　시험은 오늘이 아닙니다.　　試験は今日ではありません。

(2) 名詞　+ ~가/이 아니에요 (うちとけた表現)

　例　저 사람은 의사가 아니에요.　あの人は医者ではありません。

　　　저기는 도서관이 아니에요.　あそこは図書館ではありません。

　　　오늘은 휴일이 아니에요.　　今日は休日ではありません。

練習1 例のように、否定形の文に変えてみましょう。(文末は、うちとけた表現にする)

例 저 / 회사원　　私は会社人ではありません。　저는 회사원이 아니에요.

(1) 이것 / 김치　　これはキムチではありません。　_____

(2) 저것 / 물　　あれは水ではありません。　_____

(3) 여기 / 식당　　ここは食堂ではありません。　_____

(4) 오늘 / 휴일　　今日は休日でありません。　_____

(5) 제 / 핸드폰　　私の携帯電話ではありません。　_____

練習2 例のように、下線の単語を使って否定文で答えましょう。(文末は、うちとけた表現にする)

例 한국사람이에요?　→　아뇨, 한국 사람이 아니에요.

(1) 내일은 시험이에요?　→　_____

　訳 _____

(2) 지금 다섯 시예요?　→　_____

　訳 _____

(3) 이 사람은 친구예요?　→　_____

　訳 _____

(4) 어머니는 주부예요?　→　_____

　訳 _____

第15課　내일은 학교에 안 가요.

学習内容 用言の否定形　〜ません、〜くありません。

1. 用言の해요体：語幹 ＋ 아요/어요
2. 用言の否定形①(前置)：안 ＋ 用言
3. 用言の否定形②(後置)：〜しません、〜くありません
　語幹 ＋ 〜지 않습니다(かしこまった表現) / 〜지 않아요(うちとけた表現)

本文

かしこまった表現　(明日のことについて話す)

민수　　：히로미 씨, 내일 학교에 갑니까?

히로미　：내일은 학교에 가지 않습니다. 수업이 없습니다.

민수　　：그럼 내일은 아르바이트 합니까?

히로미　：아뇨, 아르바이트도 하지 않습니다. 집에서 쉽니다.
　　　　　민수 씨는 내일 뭐 합니까?

민수　　：저도 내일은 학교에 안 갑니다. 집에서 쉽니다.

うちとけた表現　(明日のことについて話す)

민수　　：히로미 씨, 내일 학교에 가요?

히로미　：내일은 학교에 가지 않아요. 수업이 없어요.

민수　　：그럼 내일은 아르바이트 해요?

히로미　：아뇨, 아르바이트도 하지 않아요. 집에서 쉬어요.
　　　　　민수 씨는 내일 뭐 해요?

민수　　：저도 내일은 학교에 안 가요. 집에서 쉬어요.

※ 語彙と表現 を参照して本文を訳してみましょう。
※ ペアと、「かしこまった表現」と「うちとけた表現」の会話練習をしてみましょう。

語彙と表現

히로미	弘美(ひろみ)	-도 助	～も
씨	さん	하지 않습니다.	しません。
내일	明日	집	家
학교	学校	-에서 助	(場所)～で
-에 助	～に	쉽니다.	休みます。
갑니까?	行きますか。	＊쉬다	休む
＊가다	行く	민수	ミンス
-는/은 助	～は	뭐	何(なに)
가지 않습니다.	行きません。	저	私〔謙譲語〕
수업	授業	안 갑니다.	行きません。
-가/이 助	～が	가요?	行きますか。
없습니다.	ありません。	가지 않아요.	行きません。
＊없다	ない	없어요.	ありません。
그럼	では	해요?	しますか。
아르바이트(알바)	アルバイト	하지 않아요.	しません。
합니까?	しますか。	쉬어요.	休みます。
아뇨,	いいえ	안 가요.	行きません。

知っ得？コーナー

※韓国語の文末語尾は、「かしこまった表現」と「うちとけた表現」の2種類があります。

(1) 「かしこまった表現」(합니다体) ☞ 疑問形は文末語尾 다 が 까?になる。
(2) 「うちとけた表現」(해요体) ☞ 疑問形は文末語尾 요 が 요? になる。

※ 否定形は前置否定形と後置否定形の2種類があります。文末語尾の「かしこまった表現」と「うちとけた表現」のそれぞれに前置否定形と後置否定形があるので、否定形には4つのタイプの表現があります。

第15課　내일은 학교에 안 가요.

 文法

1. 用言の해요体：うちとけた表現の「〜です／ます」 ※作り方のルールは以下の通りです。

(1) 名詞 + 하다 (〜する)は 해요(〜します)、疑問形は 해요?(〜しますか)

例 (動詞)　공부하다　勉強する　공부해요　공부해요?
　　(形容詞)　조용하다　静かだ　조용해요　조용해요?　※하다が付く形容詞もあります。

(2) 하다用言以外は、語尾の 다 を取って 아요 か 어요 をつけます。

　語幹末の母音が ㅏ, ㅑ, ㅗ の場合は 아요 をつけます。
　語幹末の母音が ㅏ, ㅗ 以外(ㅓ, ㅕ, ㅜ, ㅡ, ㅣ)の場合は 어요 をつけます。
　ただし、母音語幹で終わる(パッチムがない)場合は縮約形になります。

① 語幹末にパッチムがある(子音語幹)場合

基本形	意味	語幹	です／ます	ですか ますか
살다	住む	살 + 아요 →	살아요	살아요?
얇다	薄い	얇 + 아요 →	얇아요	얇아요?
놀다	遊ぶ	놀 + 아요 →	놀아요	놀아요?
먹다	食べる	먹 + 어요 →	먹어요	먹어요?
입다	着る	입 + 어요 →	입어요	입어요?

② 語幹末にパッチムがない(母音語幹)場合

※ 同じ母音は同化し、異なる母音は合成母音になります。

基本形	意味	語幹	です／ます	ですか／ますか
가다	行く	가 + 아요	가요	가요?
오다	来る	오 + 아요	와요	와요?
서다	立つ	서 + 어요	서요	서요?
배우다	習う	배우 + 어요	배워요	배워요?
마시다	飲む	마시 + 어요	마셔요	마셔요?
*쉬다	休む	쉬 + 어요	쉬어요	쉬어요?

*쉬다(休む)のように、ㅟ + 어 は縮約形にできないので 쉬어요 になります。

練習1 表を完成させてみましょう。

基本形	意味	語幹	です/ます	ですか/ますか
例 살다	住む	살	살아요	살아요?
앉다	座る			
놀다	遊ぶ			
먹다	食べる			
입다	着る			
있다	ある・いる			
없다	ない・いない			
자다	寝る			
일어나다	起きる			
오다	来る			
보다	見る			
서다	立つ			
배우다	習う			
마시다	飲む			
걸리다	かかる			
공부하다	勉強する			
피곤하다	疲れる			
목욕하다	お風呂に入る			
*뛰다	走る			
*사귀다	付き合う			

第15課　내일은 학교에 안 가요.　79

2. 用言の否定形①(前置)：안 ＋ 用言：〜ません、〜くありません。

例 가다　　行く　　안 갑니다　　안 가요
　 하다　　する　　안 합니다　　안 해요

※ 名詞 ＋ 하다(〜する)の場合 ☞ 하다 の前に 안 を置く。

例 공부하다　勉強する　　공부 안 합니다 / 공부 안 해요.

※ 形容詞(〜だ)の場合 ☞ 하다 の前に 안 を置く。

例 조용하다　静かだ　　안 조용합니다 / 안 조용해요.

練習2　質問に前置否定形の文で答えましょう。(文末は、うちとけた表現にする)

例 내일은 학교에 와요?　　→　　아뇨, 내일은 학교에 안 와요.

　 訳 明日は学校に来ますか。　　いいえ、明日は学校に来ません。

(1) 매일 친구하고 놀아요?　　→

　 訳 _____

(2) 도서관에서 공부해요?　　→

　 訳 _____

(3) 오후에 아르바이트해요?　　→

　 訳 _____

(4) 저녁에 술을 마셔요?　　→

　 訳 _____

(5) 주말에 쇼핑해요?　　→

　 訳 _____

3. 用言の否定形②(後置)：

(1) 語幹 ＋ ～지 않습니다：～ません、～くありません。(かしこまった表現)

(2) 語幹 ＋ ～지 않아요：～ません、～くありません。(うちとけた表現)

例 먹다　食べる　　먹지 않습니다.　　먹지 않아요.

※～지 の後はスペースを空けてから 않습니다 / 않아요. を書きます。

練習3 質問に前置否定形の文で答えましょう。(文末は、うちとけた表現にする)

例 내일은 한국에 가요?　　→　　아뇨, 내일 한국에 가지 않아요.

　訳 明日学校に来ますか。　　　いいえ、明日学校に来ません。

(1) 매일 아침을 먹어요?　　→

　訳 _____

(2) 친구는 한국어를 배워요?　　→

　訳 _____

(3) 오늘 도서관에서 공부해요?　　→

　訳 _____

(4) 아침에 우유를 마셔요?　　→

　訳 _____

(5) 매일 목욕해요?　　→

　訳 _____

(6) 주말에 영화를 봐요?　　→

　訳 _____

第16課　어제는 수업이 없었어요.

学習内容 ▶ 過去形

1. 用言の過去形：用言の語幹 ＋ 았/었어요　～でした / ました。
2. 名詞文の過去形：名詞 ＋ 이었어요/였어요　～でした。

本文　久しぶりに会ってカフェで話す

민수　　：히로미 씨, 어제 뭐 했어요?

히로미　：어제는 친구하고 디즈니랜드에 갔어요.

　　　　　여러 가지 놀이기구를 많이 탔어요.

　　　　　하루 종일 너무 재미있었어요!

민수　　：그랬군요! 그럼 어제는 학교에 안 갔어요?

히로미　：어제는 수업이 없었어요. 휴강이었어요.

　　　　　민수 씨는 어제 뭐 했어요? 학교에 갔어요?

민수　　：그럼요! 저는 수업이 많았어요.

　　　　　하루 종일 공부했어요.

　　　　　다음 주까지 과제가 많이 있어요. ㅠㅠ

히로미　：그랬군요!

　　　　　실은 저도 다음 주까지 많이 과제가 있어요. ^^;

※ **語彙と表現** ▶ を参照して本文を訳してみましょう。
※ 部分を置き換えて、ペアで会話練習をしてみましょう。

82　文法と会話編

語彙と表現

히로미	弘美(ひろみ)
씨	さん
어제	昨日
뭐	何
했어요?	しましたか。
*하다	する
-는/은 ㊝	～は
친구	友だち
-하고 ㊝	～と
디즈니랜드	ディズニーランド
-에 ㊝	～に
갔어요.	行きました。
*가다	行く
여러 가지	いろいろな
놀이기구	乗り物
-를/을 ㊝	～を
많이[마니]	たくさん
탔어요.	乗りました。
*타다	乗る
하루 종일	一日中
너무	とても
재미있었어요.	面白かったです。
그랬군요!	そうだったんですね！
그럼	では
학교	学校

안 갔어요?	行かなかったですか。
수업	授業
-가/이 ㊝	～が
없었어요.	ありませんでした/ いませんでした。
*없다	ない/いない
휴강	休講
-이었어요.	(名詞)でした。
*-이다	～だ。～である。
민수	ミンス
갔어요?	行きましたか。
그럼요!	もちろんです！
저	私〔謙譲語〕
많았어요.	多かったです。
*많다	多い
공부했어요.	勉強しました。
*공부하다	勉強する
다음 주	来週
-까지 ㊝	～まで
과제	課題
있어요.	あります/います。
*있다	ある/いる
실은	実は
-도 ㊝	～も

1. 用言(語幹) + 았/었어요　〜でした/ました。

※作り方のルールは以下の通りです。

(1) 하다 (する)は 했어요(しました)、疑問形は　했어요?(しましたか)

　　例　청소하다　　掃除する　　청소했어요.　　청소했어요?
　　　　운동하다　　運動する　　운동했어요.　　운동했어요?

(2) 하다以外の用言

① 語幹末の母音が ㅏ, ㅑ, ㅗ のときは 았어요 をつけます。

　 語幹末の母音が ㅏ, ㅗ 以外(ㅓ, ㅕ, ㅜ, ㅡ, ㅣ)のときは 었어요 をつけます。

② 母音語幹で終わる(パッチムがない)場合は縮約形になります。

① 語幹末にパッチムがある(子音語幹)場合

基本形	意味	語幹	でした/ました	でしたか/ましたか
살다	住む	살 + 았어요	살았어요.	살았어요?
얇다	薄い	얇 + 았어요	얇았어요.	얇았어요?
놀다	遊ぶ	놀 + 았어요	놀았어요.	놀았어요?
먹다	食べる	먹 + 었어요	먹었어요.	먹었어요?
입다	着る	입 + 었어요	입었어요.	입었어요?

② 語幹末にパッチムがない(母音語幹)場合

※同じ母音は同化し、異なる母音は合成母音になります。

基本形	意味	語幹	でした/ました	でしたか/ましたか
자다	寝る	자 + 았어요	잤어요.	잤어요?
오다	来る	오 + 았어요	왔어요.	왔어요?
배우다	習う	배우 + 었어요	배웠어요.	배웠어요?
마시다	飲む	마시 + 었어요	마셨어요.	마셨어요?
*쉬다	休む	쉬 + 었어요	쉬었어요.	쉬었어요?

*쉬다(休む)のように、ㅟ + 었 は縮約形にできないので　쉬었어요 になります。

84　文法と会話編

2. 名詞文の過去形：名詞 + 이었어요(?) /였어요(?) ～でした(か)。

名詞 + 이다　～だ。

	名詞の語幹末にパッチムがある場合	名詞の語幹末にパッチムがない場合
現在形	이 + 에요. → 이에요	이 + 에요. → 예요.
過去形	이 + 었어요. → 이었어요	이 + 었어요. → 였어요

　　　　　　　　　　　　　(現在形)　　　(過去形)
例1　선생님　　先生　　　선생님이에요.　선생님이었어요.
例2　친구　　　友だち　　친구예요.　　　친구였어요.

練習1　例のように、過去形の文を作ってみましょう。(文末は、うちとけた表現にする)

例　집 / 과제를 하다　　　→　　家で課題をしました。

→ 집에서 과제를 했어요. _____

(1) 친구 / 영화관 / 영화를 보다　→　友だちと映画館で映画を見ました。

→ _____

(2) 쇼핑몰 / 옷 / 사다　→　ショッピングモールで服を買いました。

→ _____

(3) 점심 / 한국 음식 / 먹다　→　昼飯は韓国料理を食べました。

→ _____

(4) 시간 / 많이 / 걸리다　→　時間がたくさんかかりました。

→ _____

(5) 도서관 / 책 / 읽다　→　図書館で本を読みました。

→ _____

(6) 토요일 / 집 / 쉬다　→　土曜日は家で休みました。

→ _____

第16課　어제는 수업이 없었어요.

練習2 例のように、過去形の文を作ってみましょう。(文末は、うちとけた表現にする)

例 어제 / 수업 / 휴강　　→　　昨日は授業が休講でした。

　→　어제는 수업이 휴강이었어요.

(1) 어제 / 친구 / 생일　　→　　昨日は友だちの誕生日でした。

　→ _____

(2) 오늘 / 한국어 / 기말시험　→　今日は韓国語の期末試験でした。

　→ _____

(3) 아버지 / 공무원　　→　　父は公務員でした。

　→ _____

(4) 수업 시간 / 늦다　　→　　授業時間に遅れました。

　→ _____

(5) 꿈 / 뭐　　→　　夢は何でしたか?

　→ _____

(6) 제 / 꿈 / 가수　　→　　私の夢は歌手でした。

　→ _____

練習3 次の質問に韓国語で答えを書いて言ってみましょう。(文末は、うちとけた表現にする)

(1) 아침은 뭐 먹었어요? _____

(2) 어제는 뭐 했어요? _____

(3) 월요일은 며칠이었어요? _____

(4) 지갑은 얼마였어요? _____

(5) 오늘 몇 시에 일어났어요? _____

(6) 어제 몇 시간 잤어요? _____

作文:過去形 韓国語で日記を書いてみましょう。(文末は、うちとけた表現にする)

(1) _____
　訳 _____

(2) _____
　訳 _____

(3) _____
　訳 _____

(4) _____
　訳 _____

(5) _____
　訳 _____

(6) _____
　訳 _____

(7) _____
　訳 _____

(8) _____
　訳 _____

(9) _____
　訳 _____

(10) _____
　訳 _____

第17課　방학 때 뭐 할 거예요?

学習内容 ＞　予定・願望の表現

1. 用言の語幹 ＋ 을 거예요(?) /ㄹ 거예요(?)　～(する)つもりです(か)
2. 用言の語幹 ＋ 고 싶어요(?)　～(し)たいです(か)

本 文

히로미 :　민수 씨는 방학 때 뭐 할 거예요?

민수　 :　한국에 갔다 올 거예요.

히로미 :　저도 한국에 가고 싶어요!

　　　　　한국 음식을 많이 먹고 싶어요!

　　　　　한국 카페에도 가보고 싶어요.

민수　 :　히로미 씨는 방학 때 뭐 할 거예요?

히로미 :　저는 운전면허를 딸 거예요.

　　　　　내년에는 혼자서 드라이브를 해 보고 싶어요.

　　　　　민수 씨는 운전면허 있어요?

민수　 :　저는 한국에서 운전면허를 땄어요.

히로미 :　아~ 그래요? 좋겠어요!!

　　　　　저도 빨리 운전면허를 따고 싶어요.

※　**語彙と表現** ＞を参照して本文を訳してみましょう。
※　　　　　部分を置き換えて、ペアで会話練習をしてみましょう。

語彙と表現

민수	ミンス
씨	さん
-는/은 助 ～は	
방학	(学校の)休み
때	時
뭐	何
할 거예요?	するつもりですか。
*하다	*する
한국	韓国
-에 助 ～に	
갔다 올 거예요.	行って来るつもりです。
*갔다 오다	*行って来る
저	私〔謙譲語〕
-도 助 ～も	
가고 싶어요.	行きたいです。
*가다	行く
한국 음식	韓国料理
-를/을 助 ～を	
많이	たくさん
먹고 싶어요!	食べたいです!
*먹다	*食べる
카페	カフェ
-에도 助 ～にも	
가 보고 싶어요.	行ってみたいです。
*가 보다	行ってみる
히로미	弘美(ひろみ)
운전면허	運転免許
딸 거예요.	取りたいです。
*따다	*取る
내년	来年
-에는 助 ～には	
혼자서	一人で
드라이브	ドライブ
해 보고 싶어요.	したいです。
*해 보다	*してみる
있어요?	ありますか。
*있다	*ある／いる
-에서 助 (場所)～で	
땄어요.	取りました。
*따다	*取る
아～	あ～
그래요?	そうですか。
좋겠어요!!	いいですね!!
빨리	早く

第17課 방학 때 뭐 할 거예요?

文 法

1. 用言(語幹) + 을 거예요(?) /ㄹ 거예요(?)　～(する)つもりです(か)

語幹末にパッチムがあれば　을 거예요(?) をつけます。
語幹末にパッチムがなければ　ㄹ 거예요(?) をつけます。

例　먹다　食べる　　　먹을 거예요(?)　食べるつもりです(か)。
　　가다　行く　　　　갈 거예요(?)　　行くつもりです(か)。

2. 用言(語幹) + 고 싶어요(?)　～(し)たいです(か)

語幹末のパッチム有無に関係なく　고 싶어요(?) をつけます。

例　입어 보다　着てみる　　입어 보고 싶어요(?)　着てみたいです(か)。
　　사다　　　買う　　　　사고 싶어요(?)　　　　買いたいです(か)。

練習1　次の質問に韓国語で答えを書いて言ってみましょう。(文末は、うちとけた表現にする)

(1) 저녁은 뭐 먹을 거예요?　→ _____

(2) 내일은 뭐 할 거예요?　→ _____

(3) 주말에 뭐 할 거예요?　→ _____

(4) 방학 때 뭐 할 거예요?　→ _____

(5) 어디에 가고 싶어요?　→ _____

(6) 주말에 뭐 하고 싶어요?　→ _____

(7) 무슨 영화를 보고 싶어요?　→ _____

(8) 무슨 음악을 듣고 싶어요?　→ _____

(9) 누구를 만나고 싶어요?　→ _____

(10) 한국 음식 뭐 먹고 싶어요?　→ _____

作文 「방학 때(学校の休みの時)、①どこに行きたいか。②そこで何をしたいか」について韓国語で書いてみましょう。(文末は、うちとけた表現にする)

(1) _____

　訳 _____

(2) _____

　訳 _____

(3) _____

　訳 _____

(4) _____

　訳 _____

(5) _____

　訳 _____

(6) _____

　訳 _____

(7) _____

　訳 _____

(8) _____

　訳 _____

(9) _____

　訳 _____

(10) _____

　訳 _____

語彙リスト 韓国語→日本語

ㄱ

가 보다	行ってみる
가다	行く
가방	カバン
가수	歌手
가위	はさみ
가족	家族
가짜	にせもの
감사	感謝
감사합니다	ありがとうございます
값	値段
갔다 오다	行って来る
같이	一緒に
개	犬
개	個
거스름돈	おつり
걸리다	かかる
게	カニ
결혼	結婚
경력	経歴
고기	肉
고양이	猫
고추	唐辛子
고향	故郷、出身
곧	すぐ
공	空
공무원	公務員
공부	勉強
공부하다	勉強する
공항	空港
과자	お菓子
과제	課題
교과서	教科書
교실	教室
구	九
구두	靴
구십	九十
국	スープ
국립	国立
굳이	あえて
권	冊

그	その
그것	それ
그것은	それは
그래요?	そうですか
그랬군요!	そうだったんですね！
그럼	では
그럼요!	もちろんです！
금요일	金曜日
급행	急行
기다리다	待つ
기말시험	期末問題
기차	汽車
김민수	[人名]キムミンス
김치	キムチ
김포공항	金浦空港
꼬리	しっぽ
꽃	花
꽃이	花が
꽃잎	花びら
꿈	夢
끝	終わり
끝나다	終わる

ㄴ

나리타공항	成田空港
나이	歳(とし)
남동생	弟
남자	男性、男子
남자 친구	彼氏
낮	昼
내년	来年
내일	明日
너무	とても
넣어요	入れます
네	はい
네 시	4時
넷(네)	よっつ
년	年
노래	歌
노트	ノート
노트북	ノートパソコン

92

놀다	遊ぶ
놀아요	遊びます
놀이기구	乗り物
놓아요	置きます
누가	誰が
누구	誰
누구의	誰の
누나	姉(弟から)
늦다	送れる、遅い

ㄷ

다리	橋/脚
다섯	いつつ
다음 주	来週
단어	単語
닭	鶏
대	台
대통령	大統領
대학생	大学生
대한항공	大韓航空(KAL)
더워요	暑いです
도서관	図書館
도착하다	到着する
도착합니다	到着します
독서	読書
돈	お金
동료	同僚
돼지	豚
두부	豆腐
둘(두)	ふたつ
드라이브	ドライブ
듣다	聞く
디즈니랜드	ディズニーランド
따다	取る
때	時
또	また
뛰다	走る

ㄹ

라디오	ラジオ
레이와대학교	令和大学(校)

ㅁ

마리	匹・頭・羽
마시다	飲む
만	万
만나서	お会いできて
만화	漫画
많다	多い
많이	たくさん
맏이	一番上の子
맛	味
맞다	合う
매워요	辛いです
매일	毎日
맥주	ビール
머리	頭
먹다	食べる
며칠	何日
명(사람)	名(人)
몇	いくつ
몇 마리	何匹
몇 번	何番
몇 시	何時
몇 월	何月
몇 층	何階
몇 학년	何年生(何学年)
모두	全部(で)
목요일	木曜日
목욕하다	お風呂に入る
못하다	できない
무슨	何の
무슨 요일	何曜日
무엇/뭐	何
물	水
민수	人名 ミンス

ㅂ

바지	ズボン
밖	外
밖에	外に
반	半
반갑습니다	(お会いできて)うれしいです
반찬	おかず
발음	発音
밤	晩
밥	ご飯

語彙リスト(韓国語→日本語)

방학	(学校の)休み〔放学〕	서울	ソウル
배우	俳優	서울역	(ソウル駅)
배우다	習う/学ぶ	선생님	先生(様)
백	百	설날	お正月
백만	百万	세수하다	洗顔する
백화점	デパート〔百貨店〕	셋(세)	みっつ
번	番	소독약	消毒薬
번호	番号	손님	お客さん、お客様
법률	法律	쇼핑몰	ショッピングモール
벚꽃	桜	쇼핑하다	ショッピングする
병	本〔瓶〕	수업	授業
보다	見る	수업 시간	授業時間
보통	普通、普段	수업이 끝나다	授業が終わる
볼펜	ボールペン	수요일	水曜日
부츠	ブーツ	수저	スプーンと箸
부탁하다	お願いする	숙제	宿題
부탁합니다	お願いします。	숟가락	スプーン
분	分	술	お酒
붙이다	付ける/貼る	숫자	数字
블랙핑크	BLACKPINK	쉬다	休む
비싸다	(値段)高い	스물(스무)	20
빨리	早く	시	時
빵	パン	시간	時間
뽀뽀	チュー	시계	時計
		시작하다	始まる
ㅅ		시청역	市庁駅
		시험	試験
사	四	식당	食堂
사귀다	付き合う	식용유	食用油
사다	買う	신라	新羅
사람	人	신발	履き物
사랑	愛	신주쿠	新宿
사십	四十	실내	室内
사이즈	サイズ	실은	実は
살	歳	싫어요	嫌です
살다	住む	심리	心理
삶	生	십	十
삼	三	십 분	十分
삼십	三十	십년	十年
삼호선	三号線	십만	十万
샌들	サンダル	십육일	十六日
생일	誕生日	싸다	安い
샤워하다	シャワーする	~씨	~さん
샤프펜	シャーペン		
서다	立つ		

ㅇ

아	あ
아까	さっき
아뇨	いいえ
아니에요	いえいえ／違います
아르바이트(알바)	アルバイト
아르바이트하다	アルバイトする
아버지	お父さん
아빠	パパ
아시아나공항	アシアナ航空(ASIANA)
아야!	感嘆詞 痛い！
아이	子供
아이돌	アイドル
아이패드	アイパッド
아주	とても
아침	朝
아침밥	朝ご飯
아프다	痛い
아홉	ここのつ
아홉 시	9時
안	～しません、～くありません 前置否定
안녕	元気〔安寧〕
안녕하세요?	こんにちは。〔うちとけた表現〕
안녕하십니까?	こんにちは。〔かしこまった表現〕
안녕히	お元気で
안녕히 가세요.	さようなら(その場を去る人に)
안녕히 계세요.	さようなら(その場に留まる人に)
앉다	座る
알약	錠剤
앞	前
앞에	前に
야구	野球
약속	約束
어느	どの
어느 것	どれ
어디	どこ
어디(에)서	どこで
어떤	どんな
어떻게	どうやって／どのように
어려워요	難しいです
어머니	お母さん
어제	昨日
억	億
언니	姉(妹から)
언제	いつ
얼마	いくら
얼마나	どのくらい
없다	ない／いない
엔	円
엔하이픈	ENHYPEN(エンハイフン)
여기	ここ
여기 있습니다	(前に差し出すとき)どうぞ
여덟	やっつ
여덟 시	8時
여동생	妹
여러 가지	いろいろな
여보세요	もしもし
여섯	むっつ
여섯 시	6時
여우	キツネ
여유	余裕
여자	女性、女子
여자 친구	彼女
여행	旅行
역	駅
연락	連絡
열	とお
열 시	10時
열넷(열네)	14
열다섯	15
열두 시	12時
열둘(열두)	12
열셋(열세)	13
열아홉	19
열여덟	18
열여섯	16
열일곱	17
열하나(열한)	11
열한 시	11時
영	零、ゼロ
영어	英語
영화	映画
영화관	映画館
예뻐요	きれいです
옛날	昔
오	五

語彙リスト(韓国語→日本語) **95**

오늘	今日
오다	来る
오빠	兄(妹から)
오십	五十
오이	キュウリ
오후	午後
옷	服
옷을 입다	服を着る
옷장	たんす
왜	なぜ
요리	料理
우리	私たち
우유	牛乳
우표	切手
운동	運動
운동하다	運動する
운동화	運動靴
운전면허	運転免許
원	ウォン
월	月
월요일	月曜日
위	上
유아	乳児
유투브 보기	YouTube見ること
유투브를 보다	YouTubeを見る
육	六
육 층	六階
육십	六十
음력	陰暦
음악	音楽
음악을 듣다	音楽を聞く
의미	意味
의사	医者
의자	椅子
이	この、二、歯
이것	これ
이것은	これは
이를 닦다	歯を磨く
이름	名前
이십	二十
이유	理由
인분	人前〔人分〕
인천공항	仁川空港
일	二、日
일 교시	一時限〔校時〕

일 학년	一年生〔学年〕
일곱	ななつ
일곱 시	七時
일곱 시간	七時間
일년	一年
일본	日本
일본 영화	日本映画
일본 요리	日本料理
일본공항	日本航空(JAL)
일본어	日本語
일어나다	起きる
일요일	日曜日
읽다	読む
입다	着る
입력	圧力
입시	入試
입어 보다	着る、着てみる
입학	入学
있다	ある/いる

ㅈ

자다	寝る
자리	席
작년	昨年
작문	作文
잔	杯
잘	とても、よく、どうぞ宜しく
잘 부탁합니다	どうぞ宜しくお願いします
장	枚
재미있다	面白い
쟈켓	ジャケット
저	あの、私〔謙譲語〕
저것	あれ
저기	あそこ
저녁	夜(夕方)
저녁(밥)을 먹다	夕飯を食べる
전일본공항	全日空(ANA)
전화	電話
전화번호	電話番号
젊은이	若者
점심	昼食
점심(밥)을 먹다	昼食を食べる
점원	店員
점퍼	ジャンバー

젓가락	箸		치마	スカート
정원	ジョンウォン		치즈	チーズ
제	私の		치킨	チキン
제가	私が		친구	友だち〔親旧〕
조	兆		친구를 만나다	友だちに会う
조용하다	静かだ		칠	七
종이	紙		칠 년	七年
좋겠어요!	いいですね！		칠십	七十
좋다	良い			
좋아하는	好きな		**ㅋ**	
좋아하다	好きだ			
주로	主に、主として		카페	カフェ
주말	週末		커피	コーヒー
주문	注文		케이팝	K-POP
주부	主婦		코코아	ココア
주세요	ください		코코이찌방야	ココ壱番屋
지갑	財布		코피	鼻血
지금	今		크다	大きい
지도	地図		키	背
지바	千葉			
지수	〔人名〕ジス		**ㅌ**	
집	家			
집에 가다	家に帰る		타다	乗る
집에 돌아오다	家に帰って来る		텔레비전	テレビ
집을 나오다	家を出る		토마토	トマト
짜다	しょっぱい		토요일	土曜日
짧아요	短いです		티셔츠	Tシャツ
찌개	チゲ		티슈	ティッシュ
ㅊ			**ㅍ**	
차	車、お茶		파	ネギ
책	本		파티	パーティー
책상 위에	机の上に		팔	八
천	千		팔십	八十
천만	千万		패딩	ダウンジャケット
청바지	ジーンズ		편리	便利
청소하다	掃除する		포도	ブドウ
추리닝	ジャージ		피곤하다	疲れる
추워요	寒いです		피아노	ピアノ
축구	サッカー〔蹴球〕		피자	ピザ
축하	祝賀			
충전기	充電器		**ㅎ**	
취미	趣味			
층	階		하나(한)	一つ
			하네다공항	羽田空港

語彙リスト（韓国語→日本語）

하다	する
하루 종일	一日中
학교	学校
학교 식당	学校の食堂
학교에 가다	学校に行く
학년	年生〔学年〕
학생	学生
한 시	1時
한 시간	1時間
한국	韓国
한국 사람	韓国人
한국 영화	韓国映画
한국 요리	韓国料理
한국 음식	韓国料理〔飲食〕
한국말	韓国語
한국어	韓国語
한국인	韓国人
한류	韓流
항공회사	航空会社
해 보다	してみる
해돋이	日の出
핸드폰	携帯電話
협력	協力
형	兄(弟から)
형제	兄弟
혼자	一人
혼자서	一人で
화요일	火曜日
화장실	トイレ〔化粧室〕
화장품	化粧品
회사	会社
회사원	会社員
회의	会議
후드티	パーカー
휴강	休講
휴일	休日
히로미	〔人名〕弘美(ひろみ)

語彙リスト 日本語→韓国語

あ

日本語	韓国語
あ	아
愛	사랑
アイドル	아이돌
アイパッド	아이패드
合う	맞다
あえて	굳이
朝	아침
朝ご飯	아침밥
味	맛
アシアナ航空(ASIANA)	아시아나공항
明日	내일
遊ぶ	놀다
頭	머리
圧力	입력
暑いです	더워요
あそこ	저기
兄(妹から)	오빠
兄(弟から)	형
姉(弟から)	누나
姉(妹から)	언니
あの	저
ありがとうございます	감사합니다
ある	있다
アルバイト	아르바이트(알바)
アルバイトする	아르바이트하다
あれ	저것
いいえ	아뇨
いいですね！	좋겠어요!
家	집
いえいえ/違います	아니에요
行く	가다
いくつ	몇
いくら	얼마
医者	의사
椅子	의자
痛い	아프다
痛い！〔感嘆詞〕	아야!
一	일
1時	한 시
1時間	한 시간
1時限	일 교시
一日中	하루 종일
一年	일년
1年生	일 학년
いつ	언제
一緒に	같이
いつつ	다섯
行って来る	갔다 오다
行ってみる	가 보다
いない	없다
犬	개
今	지금
意味	의미
妹	여동생
嫌です	싫어요
いる	있다
いろいろな	여러 가지
仁川空港	인천공항
陰暦	음력
上	위
ウォン	원
歌	노래
運転免許	운전면허
運動する	운동(하다)
運動靴	운동화
映画	영화
映画館	영화관
英語	영어
駅	역
円	엔
ENHYPEN(エンハイフン)	엔하이픈
お会いできて	만나서
多い	많다
大きい	크다
お母さん	어머니
お菓子	과자
おかず	반찬
お金	돈
お客さん、お客様	손님
起きる	일어나다
億	억
送れる、遅い	늦다

語彙リスト（日本語→韓国語） 99

お酒	술	聞く	듣다
お正月	설날	汽車	기차
遅い	늦다	切手	우표
おつり	거스름돈	キツネ	여우
お父さん	아버지	昨日	어제
弟	남동생	期末問題	기말시험
お願いします。	부탁합니다	キムチ	김치
お風呂に入る	목욕하다	キムミンス 人名	김민수
主に、主として	주로	九	구
終わり	끝	休講	휴강
終わる	끝나다	急行	급행
音楽(を聞く)	음악(을 듣다)	休日	휴일
お会いできてうれしいです	만나서 반갑습니다	九十	구십
お願いする	부탁하다	牛乳	우유
		キュウリ	오이

か

		今日	오늘
階	층	教科書	교과서
会議	회의	教室	교실
会社	회사	兄弟	형제
会社員	회사원	協力	협력
買う	사다	嫌です	싫어요
帰って来る	돌아오다	着る	입다
かかります	걸립니다	着てみる	입어 보다
かかる	걸리다	きれいです	예뻐요
学生	학생	金浦空港	김포공항
歌手	가수	金曜日	금요일
家族	가족	空	공
課題	과제	空港	공항
学校	학교	9時	아홉 시
カニ	게	ください	주세요
彼女	여자 친구	靴	구두
カバン	가방	来る	오다
カフェ	카페	車	차
紙	종이	お茶	차
火曜日	화요일	化粧品	화장품
辛いです	매워요	携帯電話	핸드폰
彼氏	남자 친구	K-POP	케이팝
韓国	한국	経歴	경력
韓国映画	한국 영화	結婚	결혼
韓国語	한국말, 한국어	月曜日	월요일
韓国人	한국인, 한국 사람	元気?	안녕?
韓国料理	한국 요리, 한국 음식	個	개
感謝	감사	五	오
韓流	한류	航空会社	항공회사
		公務員	공무원

日本語	韓国語
コーヒー	커피
故郷	고향
国立	국립
ここ	여기
午後	오후
ココア	코코아
ここのつ	아홉
ココ壱番屋	코코이찌방야
五十	오십
子供	아이
この、二、歯	이
これ	이것
これは	이것은
こんにちは	안녕하세요?
	안녕하십니까?
ご飯	밥

さ

歳	살
サイズ	사이즈
財布	지갑
昨年	작년
作文	작문
桜	벚꽃
冊	권
サッカー〔蹴球〕	축구
さっき	아까
寒いです	추워요
さようなら(去る人に)	안녕히 가세요.
さようなら(留まる人に)	안녕히 계세요.
三	삼
～さん	～씨
三号線	삼호선
三十	삼십
サンダル	샌들
時	시
ジーンズ	청바지
時間	시간
試験	시험
ジス [人名]	지수
静かだ	조용하다
七	칠
7時	일곱 시
7時間	일곱 시간
七年	칠 년
市庁駅	시청역
室内	실내
実は	실은
しっぽ	꼬리
してみる	해 보다
ジャージ	추리닝
シャーペン	샤프펜
ジャケット	쟈켓
シャワーする	샤워하다
ジャンバー	점퍼
11	열하나(열한)
11時	열한 시
19	열아홉
15	열다섯
13	열셋(열세)
10時	열 시
充電器	충전기
十	십
17	열일곱
12	열둘(열두)
12時	열두 시
十年	십년
18	열여덟
週末	주말
十万	십만
14	열넷(열네)
16	열여섯
十六日	십육일
授業	수업
祝賀	축하
宿題	숙제
出身	출신
10分	십 분
主婦	주부
趣味	취미
錠剤	알약
消毒薬	소독약
食堂	식당
食用油	식용유
女性、女子	여자
しょっぱい	짜다
ショッピングする	쇼핑하다
ショッピングモール	쇼핑몰
ジョンウォン	정원

語彙リスト（日本語→韓国語）

人	사람
新宿	신주쿠
新羅	신라
心理	심리
水曜日	수요일
数字	숫자
スープ	국
スカート	치마
好きだ	좋아하다
好きな	좋아하는
すぐ	곧
スプーン	숟가락
スプーンと箸	수저
ズボン	바지
住む	살다
する	하다
座る	앉다
背	키
生	삶
席	자리
ゼロ	영
千	천
洗顔する	세수하다
先生(様)	선생님
全日空(ANA)	전일본공항
全部(で)	모두
千万	천만
掃除する	청소하다
そうだったんですね！	그랬군요!
そうですか	그래요?
ソウル	서울
ソウル駅	서울역
外	밖
その	그
それ	그것
それは	그것은

た

台	대
大学生	대학생
大韓航空(KAL)	대한항공
大統領	대통령
ダウンジャケット	패딩
高い(値段)	비싸다

たくさん	많이
立つ	서다
食べる	먹다
誰	누구
誰が	누가
誰の	누구의
単語	단어
誕生日	생일
たんす	옷장
男性、男子	남자
チーズ	치즈
チキン	치킨
チゲ	찌개
地図	지도
千葉	지바
チュー	뽀뽀
昼食	점심
注文	주문
長男・長女	맏이
兆	조
疲れる	피곤하다
月	월
付き合う	사귀다
付ける	붙이다
貼る	붙이다
Tシャツ	티셔츠
ディズニーランド	디즈니랜드
ティッシュ	티슈
できない	못하다
では	그럼
デパート〔百貨店〕	백화점
出る	나오다
テレビを見る	텔레비전을 보다
店員	점원
電話	전화
電話番号	전화번호
トイレ〔化粧室〕	화장실
唐辛子	고추
どうぞ(前に差し出すとき)	여기 있습니다
どうぞ宜しくお願いします	잘 부탁합니다
到着する	도착하다
豆腐	두부
どうやって / どのように	어떻게
同僚	동료
とお	열

時	때
読書	독서
時計	시계
どこ	어디
どこで	어디(에)서
歳(とし)	나이
図書館	도서관
とても	너무, 아주
どの	어느
どのくらい	얼마나
トマト	토마토
友だち〔親旧〕	친구
友だちに会う	친구를 만나다
土曜日	토요일
ドライブ	드라이브
取る	따다
どれ	어느 것
どんな	어떤

な

ない	없다
なぜ	왜
七十	칠십
ななつ	일곱
名前	이름
習う	배우다
成田空港	나리타공항
何	무엇/뭐
何階	몇 층
何月	몇 월
何時	몇 시
何日	며칠
何年生	몇 학년
何の	무슨
何番	몇 번
何匹	몇 마리
何曜日	무슨 요일
肉	고기
20	스물(스무)
二十	이십
にせもの	가짜
日曜日	일요일
日本	일본
日本語	일본어

日本航空(JAL)	일본공항
日本料理	일본 요리
入学	입학
入試	입시
乳児	유아
鶏	닭
人(名)	사람(명)
人前〔人分〕	인분
ネギ	파
猫	고양이
値段	값
寝る	자다
年	년
年生〔学年〕	학년
ノート	노트
ノートパソコン	노트북
飲む	마시다
乗り物	놀이기구
乗る	타다

は

パーカー	후드티
パーティー	파티
杯	잔
はい	네
バイバイ	안녕!
俳優	배우
履き物	신발
はさみ	가위
橋/脚	다리
箸	젓가락
始まる	시작하다
走る	뛰다
八	팔
8時	여덟 시
八十	팔십
発音	발음
花	꽃
鼻血	코피
花びら	꽃잎
羽田空港	하네다공항
パパ	아빠
早く	빨리
歯を磨く	이를 닦다

半	반
晩	밤
番	번
パン	빵
番号	번호
ピアノ	피아노
ビール	맥주
匹・頭・羽	마리
ピザ	피자
人	사람
一つ	하나(한)
一人	혼자
一人で	혼자서
日の出	해돋이
百	백
百万	백만
昼	낮
日	일
弘美(ひろみ)	히로미
ブーツ	부츠
服	옷
豚	돼지
ふたつ	둘(두)
普通、普段	보통
ブドウ	포도
BLACKPINK	블랙핑크
分	분
勉強する	공부(하다)
便利	편리
法律	법률
ボールペン	볼펜
本〔瓶〕	병
日本映画	일본 영화
本	책

枚	장
毎日	매일
前	앞
また	또
待つ	기다리다
学ぶ	배우다
万	만
漫画	만화

短いです	짧아요
水	물
みっつ	셋(세)
見ます	봐요
見る	보다
ミンス [人名]	민수
昔	옛날
難しいです	어려워요
むっつ	여섯
木曜日	목요일
もしもし	여보세요
もちろんです！	그럼요!

野球	야구
約束	약속
安い	싸다
休み(学校の)	방학
休む	쉬다
やっつ	여덟
YouTubeを見る	유튜브를 보다
YouTube見ること	유튜브 보기
夢	꿈
良い	좋다
よく、どうぞ宜しく	잘
4時	네 시
よっつ	넷(네)
読む	읽다
余裕	여유
夜	저녁
四	사
四十	사십

ら

来週	다음 주
来年	내년
ラジオ	라디오
理由	이유
料理	요리
旅行	여행
零	영
令和大学(校)	레이와대학교
連絡	연락
六	육

6時	여섯 시
六十	육십
6階	육 층

若者	젊은이
私 [謙譲語]	저
私が	제가
私たち	우리
私の	제

著 者
李 姃姬
이 정희
イ チョンヒ
（千葉商科大学・立正大学・東洋大学ほか講師）

コンブ ハジャ　ハング ゴ
공부하자! 한국어　韓国語初級

2024 年　11 月　20 日　初版発行

著 者　李 姃姬
発行者　佐藤和幸
発行所　株式会社　白帝社
　　　　〒171-0014 東京都豊島区池袋 2-65-1
　　　　電話 03-3986-3271　FAX 03-3986-3272
　　　　https://www.hakuteisha.co.jp
組版・イラスト・表紙デザイン　崔貞姫
印刷・製本　ティーケー出版印刷

Printed in Japan〈検印省略〉　ISBN978-4-86398-603-9